Quiero morir en la belleza de un lirio

I Want to Die in the Beauty of a Lily

Museo Salvaje

Colección de poesía

———————————————

Poetry Collection

Wild Museum

Francisco de Asís Fernández

QUIERO MORIR
EN LA BELLEZA DE UN LIRIO

I WANT TO DIE
IN THE BEAUTY OF A LILY

Traducción / Translation

Stacey Alba Skar-Hawkins

Nueva York Poetry Press®

Nueva York Poetry Press LLC
128 Madison Avenue, Oficina 2RN
New York, NY 10016, USA
Teléfono: +1(929)354-7778
nuevayork.poetrypress@gmail.com
www.nuevayorkpoetrypress.com

Quiero morir en la belleza de un lirio
I Want to Die in the Beauty of a Lily
© 2020 Francisco de Asís Fernández

© Traducción:
Stacey Alba Skar-Hawkins

ISBN-13: 978-1-950474-47-9

© Colección Museo Salvaje vol. 30
(Homenaje a Olga Orozco)

© Dirección:
Marisa Russo

© Edición:
Francisco Trejo

© Diseño de interiores:
Moctezuma Rodríguez

© Diseño de portada:
William Velásquez Vásquez

© Pintura de portada:
Yomi Amador

© Fotografía:
Evelyn Flores (autor)
Jorge Jenkins (óleo)

De Asís Fernández, Francisco
Quiero morir em la beleza de um lirio / I Want to Die in the Beauty of a Lily, 1a edi-- New York:
Nueva York Poetry Press, 2020. 226 pp. 5.25 x 8 inches.

1. Poesía nicaragüense. 2. Poesía latinoamericana.

PRÓLOGO

Dialogando con las zonas más sagradas de la poesía hispánica, especialmente con Quevedo y su "Amor constante más allá de la muerte" como con la tradición de la poesía nicaragüense, tradición que desde Darío se ha constituido en una de las más fecundas de las provincias del castellano, Francisco de Asís Fernández cumple en su último libro, Quiero morir en la belleza de un lirio, con la proeza de superarse a sí mismo. Es así como estos poemas donde se entrecruzan el sueño y el despertar, la resurrección y el dolor, los abismos y el cielo, nos ponen a sus lectores frente a una arrasadora intimidad que alcanza a menudo el prodigio de la revelación. Mientras existan poetas como Francisco de Asís, capaces de unir de esa manera la necesidad cada vez más urgente del amor con la inminencia cada vez más rotunda de la muerte, la poesía continuará siendo el arte del futuro.

RAÚL ZURITA

PROLOGUE

Engaging in dialogue with the most sacred poetic history in the Spanish language, Francisco de Asís Fernández's most recent book, Quiero morir en la belleza de un lirio [I Want to Die in the Beauty of a Lily] transcends all of his previous work. Of particular importance in this dialogue is Francisco de Quevedo and his poem "Love constant beyond death," and also Nicaragua's poetic heritage, one of the most fertile in the Spanish-speaking world since Rubén Darío. In these poems, intersections between dreams and consciousness, resurrection and pain, heaven and the abyss, invite us readers to reflect on an overwhelming intimacy that often borders on a revelation. As long as there are poets like Francisco de Asís, capable of merging the increasingly urgent need for love with the inescapable imminence of death, poetry will continue to be the art of the future.

RAÚL ZURITA

MORIR Y VIVIR EN LA BELLEZA

¿Puede haber mayor entrega que la que reivindica "ese viaje hacia la nada/ que consiste en la certeza/ de encontrar en tu mirada/ la belleza"? Con estas palabras cierra Luis Eduardo Aute su canción "La belleza", que ha estado acompañando –al sonar al fondo de una memoria compartida– el último libro de Francisco de Asís Fernández Arellano (Granada, 1945).

Porque Quiero morir en la belleza de un lirio es un poemario entregado al amor y la luz, que pide a las estrellas que no dejen de subir hasta el cielo, que se vuelca denodadamente en la afirmación vital por la que "siempre hay que cantar en la borrasca". En esta certidumbre –la de la tormenta de la muerte–, en el asedio del tiempo y la angustia que parece arrancar de "Lo fatal" de Rubén Darío, el libro se coloca en el umbral desde el que se mira a los ojos de la vida. Por ello, sensorialidad y sensualidad tiñen con su intenso perfume un libro colmado de gemas brillantes, notas de Bach o Beethoven, animales exóticos con los que apreciar el goce de las formas y la presencia del amor como erotismo que es pulso en lo visible.

En su gradación, en todos sus matices, se rinde homenaje a la belleza. Conformada por el legado griego y romano pero profundamente transformada por las experiencias modernas y contemporáneas, no se trata de la belleza en tanto perfección estética, aquella que reposa sobre armonía y simetría. Tampoco se asocia a lo noble o lo bueno, como propusieron Platón y Aristóteles, sino que se vincula a lo que permite aproximarse al vértigo de lo sublime, manteniendo una muy estrecha alianza con la verdad. Por eso su carácter es neorromántico. Lo bello, además, se enlaza tanto a la naturaleza como al arte.

TO LIVE AND DIE IN BEAUTY

¿Can there be any greater pursuit than "that journey to nothingness / guided by the certainty / of finding in your eyes / beauty"? With these words, Luis Eduardo Aute ends his song to beauty, "La belleza," an accompaniment -resounding at the heart of a shared memory– to the most recent book by Francisco de Asís Fernández Arellano (Granada, 1945).

Quiero morir en la belleza de un lirio [I Want to Die in the Beauty of a Lily] is a book of poems dedicated to love and to light, pleading with the stars to continue appearing in the sky, and bolding affirming that "A sea squall always calls for song." In this certainty defined by pain and death, besieged by time and an anguish that harkens back to Rubén Darío's "Lo fatal," the book stands at the threshold of life, staring it in the eye. In this way, it becomes both sensory and sensual, imbued by intense fragrance and filled with glistening gems, notes reminiscent of Bach or Beethoven, and exotic animals, finding pleasure in form and in the presence of love as eroticism, the rhythm of the gaze.

In its intensity, in its nuances, it pays homage to beauty. Rooted in Greek and Roman tradition, but profoundly transformed by modern and contemporary experience, it is not beauty as aesthetic perfection, defined by harmony and symmetry. Nor is it characterized as noble or good, as posited by Plato and Aristotle. Instead, it correlates to something approaching the sublime, very closely related to truth. In this way, it is neoromantic. And this beauty also connects both to nature and to art.

A lo natural porque el poemario lo sobrevuelan torcaces y petirrojos, garzas y otros pájaros, una profusa zoología que da cuenta del amor hacia lo vivo. Se elevan araucarias. Se perciben colores y aromas, se exalta la dimensión hiperestésica. El propio yo lírico se siente parte de esa naturaleza fecunda y sorprendente: siembra tulipanes en su alma y en el patio de su casa –no hay fronteras entre el afuera y el adentro–, haciéndose uno con aquella naturaleza prodigiosa que mira, la fértil vivencia de su Nicaragua natal.

Por otro lado, la naturaleza se ensancha con riquísimos diálogos culturales a partir de la mitología, la historia, la religión: sirenas, bisontes de Altamira, el ave del Paraíso en la rama del árbol del conocimiento comparten una ágil vivencialidad de esa herencia portentosa, especialmente a través de la música y la pintura. Se aspira a la eufonía, se proponen breves poemas muy bien cohesionados en torno a un ritmo musical, a las cualidades del oído y su pulpa vibrante: la que disfrutaría de la obra de Edith Piaf, la que escucha el trino de las aves y se deleita en las obras para violín de Bach y la recreación de "Ludwig van Beethoven" en el poema homónimo. Si la música fuera visible, este libro sería la partitura del universo. A la vez, se trabajan diversos grados de la sinestesia y el poema se vuelve color, pincel y lienzo. La figura imantadora de Simonetta Vespucci se recrea varias veces. Por otro lado, se convoca la presencia de Renoir, Cezanne, Van Der Weiden. La palabra recuerda aquí que fue considerada ut pictura poiesis. Fernández Arellano alcanza un conocimiento estético que vincula lo sensorial con lo abstracto, lo mental con lo concreto. Los abstractos se corporeizan: se es "visible como el dolor". Enlazan así sus raíces la belleza natural y la artística, como en los ámbitos de la modernidad estética.

Nature abounds in these poems with winged doves, robins, herons, and other birds, a copious zoology revealing a zest for live. There are Araucaria trees. Colors and fragrances come alive in an extreme exaltation of the senses. The lyric subject also considers itself part of this bountiful and dazzling landscape, planting tulips in the soul and in the garden -there are no borders between inner and outer life-, and becoming one with that vast nature observed, the Nicaraguan homeland's fertile, living landscape.

On the other hand, nature is also presented more broadly with resonant cultural dialogues rooted in mythology, history, religion: sirens, Altamira's bison, the Bird of Paradise, the tree of knowledge. That powerful heritage, particularly in music and painting, all becomes part of a dynamic experience of living.

Euphony permeates these poems, brief texts masterfully composed to follow a musical rhythm pleasant to the vibrating inner ear as it enjoys Edith Piaf's voice, listening to songbirds, and delighting in Bach's music for the violin and the recreation of "Ludwig van Beethoven" in the poem that shares his name. If music were visible, this book would be sheet music for the universe.

At the same time, the poems offer various degrees of synesthesia, and the poem becomes color, paintbrush, and canvas. The mesmerizing figure of Simonetta Vespucci appears several times. Similarly, the poems invoke the presence of Renoir, Cezanne, Van Der Weyden. We are reminded here that the word was considered ut pictura poiesis.

Fernández Arellano achieves an aesthetic awareness linking sensory perception with the abstract, imagination with concrete reality. The abstract becomes real: "visible like pain." In this way, natural and artistic beauty merge, as in a modern aesthetic.

El yo lírico se hace uno con aquel que fue uno de sus grandes nombres, el poeta Rainer María Rilke ("suena música triste cuando me pincha/ la espina de una rosa"). Y ahí reside uno de los elementos más fecundos de este libro fecundo: no se trata de responder a una vocación neoculturalista que acumulase referencias para ornamentar cada texto, sino de una íntima vivencia de todas aquellas creaciones que han resultado fundacionales, como puede verse en el siguiente poema:

EL VERDE OSCURO Y EL VERDE LUMINOSO

El verde oscuro y el verde luminoso,
cuando yo era joven y las mujeres me amaban
la arena del mar hundiéndose bajo mis pies
con los cangrejos diminutos,
el paraíso terrenal hundiéndose con las iguanas,
insaciables de mí y del arco iris,
Renoir frente al río, el verde oscuro
y el verde luminoso
Cezanne, de la mano a la tela,
con los colores íntimos en los ojos de la iguana.
[…]

Brota, multiplicado, aquello que mueve el espíritu y el cuerpo: el amor a la naturaleza, a la música y la pintura, a la presencia plena de lo bello, y especialmente a la mujer. En el pelo de la amada se pone el sol, se posan viento y alfabeto. En ella reside el talismán, la piedra roseta, el comienzo del mundo y su clausura. "Quien pierde el amor lo pierde todo", en el poema "La majestad de lo más oscuro de la noche".

The lyric subject echoes one of poetry's great voices, the poet Rainer Maria Rilke ("Sad music plays as I am pricked / by a thorn.") And here resides one of the most creative elements in this creative book: this is not an exercise in enumerating cultural references to embellish each text. It is an intimate shared experience of living with that foundational creative imaginary, as seen in the following poem:

DARK GREEN AND LUMINOUS GREEN

Dark green and light green,
In my youth, when women desired me,
ocean sand sinking beneath my feet
and tiny crustaceans,
earthly paradise underwater with iguanas,
with an appetite for me and for rainbows,
Renoir facing the river, dark green
and light green
Cézanne, from hand to canvas,
with the hidden colors of iguana eyes.
[…]

What emerges, many times over, is what moves body and spirit: a love of nature, music, painting, absolute beauty, and especially women. The sun sets on her hair, caressed by wind, and her name holds the alphabet. She holds the talisman, the Rosetta stone, the origin of the world, and its end. "He who loses love loses all," in the poem "The Majesty of the Deep Dark Night."

Eros empapa todo el poemario, que hace suya y transgrede la oración amatoria de Piedra de sol de Octavio Paz. Se come el cuerpo de la amada a la vez que se es devorado en el acto sexual: "la frenética dulce bestia que somos/ cuando nos apareamos" (en "Mi corazón abre la llave y canta"). Para Quiero morir en la belleza de un lirio, el Amor es único Dios, único lenguaje, única inscripción de lo posible, y encuentra en la amada su pleno sentido: el cuerpo de ella se cubre de lenguaje, de palabras como miel untada en cada poro. Es el amor la gran aventura humana.

Los ecos literarios completan la vivencia personal: Shakespeare, Aleixandre, Gamoneda, el eco implícito de Lorca… Y en relación con el amor, desde el Cantar de los cantares y el Cántico espiritual de San Juan ("Escucha la música como un ciervo herido") a la resignificación quevediana del amor constante más allá de la muerte. Porque en los libros fundacionales de la cultura residen las palabras que nos conforman, y porque en ellas encuentra el destacado poeta nicaragüense, aquella palanca con la que mover el mundo…

De ahí el recurso frecuente a la Biblia como piedra ancilar, sobre todo el Génesis aunque también el nuevo Testamento: hallaremos resonancias cristológicas en versos tan contundentes como "Este es mi cuerpo y esta es mi sangre", que estarán consagrados no a Dios sino a la mujer, el gran amor, transustanciado (al modo eucarístico) en verbo. Se come el nombre de la amada como se come el cuerpo de Cristo o se come el propio cuerpo del dolor cuando la vida obliga a beber su cáliz más amargo.

Embebido en el libro fundacional del cristianismo, el autor apela a la infancia y el mundo de los padres, especialmente su padre y maestro, el escritor y artista plástico Enrique Fernández Morales (1918-1982).

Eros permeates the entire book, which appropriates and transgresses Octavio Paz's love language from Piedra de sol. In the sexual act, the lover's body is consumed as the poetic subject is simultaneously devoured: "the frenetic sweet beast that we are / when we mate" (in "I open my heart and sign"). For I Want to Die in the Beauty of a Lily, Love is God, language, the inscription of all that is possible. The lover holds all meaning: her body is covered in language, in words that cling to each pore of her body like honey. Love is the great human pursuit.

Literary references compliment personal lived experience: Shakespeare, Alexander, Gamoneda, Lorca's implicit echo… Relating to love, there are echoes from Saint John of the Cross' Song of Songs and the Spiritual Canticle ("Listen to music like a wounded deer") and the Quevedian redefining of love beyond death. The words that make us who we are dwell in these foundational cultural texts, and in these words, our esteemed Nicaraguan poet grasps the power to move the world…

Similarly, frequent references to the Bible are a cornerstone of the work, particularly the Book of Genesis, although the New Testament as well. Here we find Christological references in strategic verses, such as "This is my flesh and this is my blood," although these are dedicated not to God, but rather to women, exalted love, transubstantiated (as defined by the Holy Eucharist) into language. The lover's name is consumed, just as Christ's body is consumed, or as one's own body is consumed by pain when life offers up its most bitter chalice to drink.

Interspersed among the book's Christian references, the author draws from childhood and his parents, especially his father and teacher, the author and artist Enrique Fernández Morales (1918-1982).

También a los ángeles, invocados en su inocencia y su pureza. La belleza está así alejada del Mal o de la Historia, por lo que los poemas recuperan los momentos de esplendor atesorados a lo largo de toda una vida, aquella que el poeta asume junto a la vida humana en su totalidad como si fuera un nuevo Atlante, como si pudiera sostener sobre el esqueleto del lenguaje el pesado fardo del asesinato de Abel para anularlo. No se da, pues, la mirada del ángel de la historia de Benjamin, sino el ángel cristiano en su condición benefactora, que a veces aparece transido por algún leve destello surrealizante al modo de los ángeles de Alberti.

Junto a la matriz religiosa, aparece la mitológica: Sísifo y Prometeo son parte de su alma, puesto que un águila come su hígado mientras su corazón, inservible, borra los poemas, y el poeta pregunta a Tiresias por su destino. Ya en la tarde, el poeta zarpa hacia Orión:

> ¿A dónde me lleva este barco
> que zarpa sin brújula ya tarde en la noche?
> ¿Dónde está Orión?
> Serás criticado, serás denigrado,
> recorrerás el alba, el fuego,
> la belleza inmaculada, el ardid, el infierno.
> No llegarás a las costas, a lo hondo.
> Te perderás en el viaje.
> Cuando seas viejo leerás despacio
> lo que escribiste para repasar tus errores,
> […]

Angels are also invoked in their innocence and purity. In this way, Beauty is distant from Evil or History. The poems recollect treasured memories from the poet's life, one that the poet has lived parallel to human existence in its totality like a new Atlantis, as if he could hold up the weight of Abel's murder on language to annul it. This is not Benjamin's "angel of history." It is the Christian angel as benefactor, with a flash of surrealism resembling the angels in poetry by Rafael Alberti.

Mythology appears along with the religious matrix: Sisyphus and Prometheus are part of his soul. An eagle eats his liver as his useless heart erases his poems, and the poet questions Tiresias about his destiny. At dusk, the poet sails toward Orion:

> Where is this ship taking me
> sailing without a compass at such late hour?
> Where is Orion?
> You will be criticized, you will be vilified,
> you will wander through dawn, fire,
> immaculate beauty, deceit, hell.
> You will be kept from shore, the depths of your soul.
> You will be lost at sea.
> In your old age you will slowly read
> what you wrote before, revisiting your errors,
> […]

En Orión confluyen la constelación y el gigante de la mitología griega, del mismo modo en que en el libro confluyen diversos niveles de lectura y reescritura de lo bello, siempre movilizados por el amor inscrito en el yo interior profundo y en cada uno de sus círculos concéntricos, sus capas de piel tal como las formuló el artista austríaco Hundertwasser, pues Fernández Arellano desea unir arte y vida, fusionar la dimensión ecológica y la culturalista. Hallar aquellas palabras con las que decir el amor por la vida en toda su plenitud sabiendo a la vez, con Valéry, que lo más profundo es la piel: esa cualidad porosa del amor que permite que el yo se funda con el tú y el tú con el yo en un baile inacabable de cuerpos y pronombres

TÚ TIENES MI OSCURIDAD Y YO SOY TÚ

Tú tienes mi oscuridad y yo soy tú
en una selva de pájaros.
Suena música triste cuando me pincha
la espina de una rosa
y las aves trinan omnipotentes
entre las ramas, las hojas y el silencio.
Tú tienes oscuridad y yo soy tú,
mi delfina rosada;
yo soy tú, como Flaubert es Madame Bovary;
y yo, Simonetta Vespucci.
Tu oscuridad es mi destino:
el principio de mi vida y mi muerte.

In Orion, the constellation and the giant from Greek mythology converge. In the same way, throughout the book, there is a convergence of various levels of reading and rewriting Beauty. Love is the constant inspiration, inscribed deep within the poetic subject and in each and every concentric circle surrounding his existence, his various layers of skin, as theorized by the Austrian artist Friedrich Hundertwasser. Fernández Arellano seeks to combine art and life, to merge ecology with the culturalist dimension. Finding the specific words to articulate a love for life in all its magnitude, all the while, like Paul Valéry, knowing that skin is the deepest layer: that porous nature of love that allows "I" to merge with "you" and "you" with "I" in a never-ending dance of bodies and pronouns.

YOU ARE MY DARKNESS AND I AM YOU

You are my darkness and I am you
amid tropical birds.
Sad music plays as I am pricked
by a thorn
and the birds trill in omnipotence
from branches, leaves, and silence.
You are my darkness and I am you,
my pink dolphin;
I am you, as Flaubert is Madame Bovary;
and I, Simonetta Vespucci.
Your darkness is my destiny:
the origin of my life and death.

Solo este amor –a la vida, a la poesía, al arte y la naturaleza, a la amada como síntesis total– permite reafirmar la belleza frente a la muerte. Incluso ante la falta de correspondencia en el amor, la muerte personal o la colectiva, no retrocede el yo lírico, que aspira a penetrar en el misterio del ser, a conocer su luz pero también su oscuridad. Todo camina hacia el alma del poeta, su sima y su cumbre. Ante la herida de vivir, el poemario canta la profusión vegetal o mineral, el prodigioso abanico de los sentidos mostrando la plenitud del mundo, de pronto bien hecho al modo de Jorge Guillén, porque en sus palabras, los ojos no ven sino saben y el instante es exaltado a la más alta marea, sin vaivén.

Búsqueda de la belleza por la que este libro suma un extraordinario hallazgo en la prolífica y valiosa trayectoria del poeta nicaragüense. Quiero morir en la belleza de un lirio constituye su gran indagación en torno al amor como término de la totalidad. Otros títulos suyos relevantes –Orquídeas salvajes (2008), Luna mojada (Luna Bagnatta) (2015), La invención de las constelaciones (2016) o Hay un verso en la llama (2018)– comparten algunos rasgos, pero la búsqueda de la belleza como reafirmación vital alcanza su clímax en este libro. Lo conforman poemas breves que se apoyan en el dominio de lo sustantivo y los verbos de acción (más que de contemplación), la anáfora y el polisíndeton como recursos de la repetición que crean un ritmo ágil y enfático. En el libro, su autor es plenamente consciente de la confluencia, al modo kantiano, entre conocimiento, entendimiento e imaginación, al tiempo que desborda la belleza hacia las potencias de lo imaginario. De ahí la larga conversación con Dios y con todas sus criaturas, con la proliferación inaudita de formas, vestigios, posibilidades de lo real (e irreal): dragones, dinosaurios, orquídeas, nebulosas y esmeraldas, delfines y desiertos azules.

Only this love -of life, of poetry, of art, of nature, and of woman as object of desire- in a complete synthesis, can reaffirm beauty in the face of death. Even when faced with unrequited love, or personal or collective death, the poetic subject does not retreat, seeking rather to penetrate the mystery of being, recognizing its light as well as its darkness. All paths lead to the poet's soul, his peak, his summit. Faced with the pain of living, the poems sing of plant or mineral copiousness, the prodigious and wide-ranging umbrella of all the senses that reveal the world's abundance. As in the poetry of Spanish poet Jorge Guillén, in his words, the eyes do not see, they know.

In the pursuit of beauty, this book adds extraordinary value to this Nicaraguan poet's prolific and admirable career. I Want to Die in the Beauty of a Lily constitutes his eminent philosophical exploration of love in its totality. His other previous publications that share some of these characteristics include Orquídeas salvajes (2008), Luna mojada (Misty Moon, 2015), La invención de las constelaciones (The Invention of Constellations, 2016) or Hay un verso en la llama (A Verse in the Flame, 2018). However, the pursuit of beauty as a reaffirmation of life itself reaches its peak in this book. Made up of brief poems constructed with nouns and action verbs, rather than contemplation, anaphora and polysyndeton serve as sources of repetition that create an agile and emphatic rhythm. In the book, the author is fully aware of the confluence, in the Kantian sense, between knowledge, understanding, and imagination, all while carrying beauty to the limits of the power of imagination. Thus emerges the long conversation with God and all his creatures, the extraordinary proliferation of forms, traces, possibilities of reality or fantasy: dragons, dinosaurs, orquids, nebulas, emeralds, dolphins, and blue deserts.

Que no se hunda en el asfalto/ la belleza. Que sea posible rozar aun por un solo instante / la belleza. Sigue sonando la canción de Aute, a quien hemos perdido mientras escribía estas líneas, pero que está permanentemente unido a nuestra memoria, como queda unido a la de Francisco de Asís Fernández Arellano por ser el artista español uno de los principales invitados del Festival Internacional de Poesía de Granada en 2015. Quienes allí estuvimos podemos recordar la emoción de escuchar "Al alba" en la noche nicaragüense y la devoción a la poesía de Fernández Arellano, quien preside ese destacadísimo Festival desde 2005.

Entregarse a la poesía es una de las posibilidades de unión de la persona con el mundo. Morir en la belleza de un lirio es vivir permanentemente en ella.

MARÍA ÁNGELES PÉREZ LÓPEZ
Universidad de Salamanca

Luis Eduardo Aute's song continues to play: Beauty / May it not be lost on the pavement / Beauty / May we glimpse it even for a moment. We have lost him as I wrote those lines, but he is eternally with us in memory, just as he remains connected to Francisco de Asís Fernández Arellano as the Spanish songwriter who received a distinguished invitation to the International Poetry Festival in Granada, Nicaragua in 2015. Those of us who were there can still experience the memory of listening to him perform "Al alba" in the Nicaraguan night, as well as Fernández Arellano's dedication to poetry, presiding over that renowned festival since 2005.

Devoting yourself to poetry is one of the ways a person can live in the world. To die in the beauty of a lily is to live in it forever.

MARÍA ÁNGELES PÉREZ LÓPEZ
University of Salamanca

HERMANO FRANCISCO DE ASÍS:

¿Qué es lo que hemos estado persiguiendo hace tanto tiempo? Esto me lo he preguntado, día con día, los últimos treinta años o más. Tu libro Quiero morir en la belleza de un lirio, me ha disipado mis dudas. Si nos hemos entregado al amor, a la lucha por una vida mejor para todos, en nuestra escritura fermentada con muchas voces, y todo, todo, por nuestra estancia en este mundo, y nuestro escuchar a ese sin fin de mundos a otras escalas, que están en nuestro lenguaje, en nuestra búsqueda, en nuestras entrañas, he comprendidoque ahí radica, la Poesía, nuestra poesía, y todo, todo, como avalancha, es la Belleza, que no tiene nada de amarga. La Belleza, a la que nos hemos dedicado a acercarnos casi con furia, a tocarla, Y tu libro,-una arquitectura completa-, es una porción de la Belleza total, que es nuestro morir, tu libro que está engendrando otro libro, con todo lo que amamos, y otros mundos.

Con un gran abrazo.

ÓSCAR OLIVA

BROTHER FRANCISCO DE ASÍS:

What have we been after for such a long time? I have asked myself this question, day after day, for thirty years or more. Your book I Want to Die in the Beauty of a Lily has answered it for me. We have been devoted to love, to the struggle to make the world a better place for all, and our writing has been impacted by many voices, and above all by our existence in this world and how we have listened to infinite worlds, on a broader scale, that are part of our language, part of our quest, and in our hearts. I now understand that therein lies Poetry, our poetry, and everything, everything, like a landslide, is Beauty, which is never harsh. We have spent our whole lives in pursuit of Beauty, almost obsessively. And your book, a solid composition, belongs to absolute Beauty, which is our death. Your book leads to another book, to other worlds, with everything we love.

A warm embrace.

ÓSCAR OLIVA

A mi esposa, Gloria Gabuardi.

To my wife, Gloria Gabuardi.

CAMBIEMOS LAS ESTRELLAS

Cambia tus estrellas,
elévalas una a una y ponlas en tus ojos,
en el cielo que quieras.
Cambia mi vida queriendo morir,
que se quede dormida pensando en la altura del lucero,
en la miel untada en tu cuerpo.
Cambia mis estrellas y ponlas en tu cuerpo
de lunares,
haz que la vida sea una rosa en el desierto,
lúcela en las predicciones, rompe los pétalos.
Cambiemos las estrellas para cambiar de suerte,
para que el amor fluya como una gotera
en el cielo.

LET'S CHANGE THE STARS

Change your stars,
elevate them one by one and fill your eyes with them,
in whatever heaven you choose.
Change my life desiring death,
drifting to sleep thinking of the morning light,
of your body covered in honey.
Change my stars and dot them across your body
like moles
make life a desert rose,
reveal it in visions, tear off its petals,
Let's change the stars to change fate,
so that love may trickle down
from heaven.

VISIBLE COMO EL DOLOR

A Gioconda Belli

Son montañas gigantes con rocas azules
alumbradas por los rayos de una luna seca.
Yo vi el resplandor de su belleza
y el azafrán tiñendo de fuego el infinito.
Aquí las praderas no tienen horizonte,
todo es visible como el dolor,
se arrancan los tallos que abren la tierra.
Aquí están los manuscritos de la historia del hombre,
aquí arden los perfumes y el dolor,
la mala levadura que nace y crece en el alma,
la piedra contra la frente,
la sangre derramándose.
Sísifo y Prometeo son parte de mi alma.

VISIBLE AS PAIN

To Gioconda Belli

Giant mountains with blue rocks
illuminated by a dry moon's rays.
I saw the radiance of their beauty
and saffron setting fire to infinity.
Here the meadows have no horizon,
all is visible as pain,
tender sprouts torn as they emerge from the earth.
Here lie the manuscripts with the history of man,
here burn incense and pain,
rancid leavening rises and expands in the soul,
the rock striking your brow,
spilling blood.
Sisyphus and Prometheus are one with my soul.

Un Jilguero en el Abismo

Un jilguero en poder de un halcón,
un dolor adornado con pájaros
entre guijarros y espumas
colas y crines arrancadas del cielo.
Se lleva la rosa a la boca,
arde la belleza, un jilguero en el abismo.
Y sigue la vida como si ardiera un perfume,
maquillándose, desvistiéndose, repitiendo
el parlamento,
y se repite el amanecer donde alguien muere,
la noche deshaciéndose, bien armado el fracaso,
asfixia, la vida duele y siempre se repite.

Francisco de Asís Fernández

A GOLDFINCH IN THE ABYSS

A goldfinch in the clutches of a hawk
pain draped in birds
among pebbles and sea foam
tails and crests torn from the sky.
Taking the rose in its mouth,
beauty ablaze, a goldfinch in the abyss.
And life goes on in fiery perfume,
donning makeup, undressing, repeating
the same old lines,
repeating dawn where someone dies,
night melting away, failure well designed,
choking, life is pain and eternal repetition.

LUNA DE NIEVE

En medio de la oscuridad,
amor mío,
te regalo mi mundo hecho de poemas,
de ternura, de soledad,
te regalo el mar acechado por los plesiosauros
y los mosasaurios
y las plantas con flores naciendo en todos los continentes,
te regalo el trópico de Cáncer
y el trópico de Capricornio,
te regalo los montes Apalaches
y la cordillera de Amerrisque.
Porque yo persigo tu sombra y tu aroma
quiero entrar a tu corazón como un ladrón
y apropiarme del aire que respiras,
de tus presagios.
Tú eres la quimera de mis pájaros,
la que oyes mis plegarias.
Oigo el débil sonido de las hojas y los Ángeles
cuando la luna de nieve se sube al cielo
para alumbrar nuestro amor.

Francisco de Asís Fernández

SNOW MOON

From darkness,
my love,
I give you my world made of poems,
tenderness, solitude,
I give you the sea where plesiosaurs lurk
and mosasaurs
and flowering plants emerging on every continent,
I give you the Tropic of Cancer
and the Tropic of Capricorn,
I give you Appalachia
and the Amerrisque mountains.
Pursuing your shadow and your scent
I want to enter your heart like a thief
to steal the air you breath,
and your intuition.
You are the chimera of my birds,
the one who hears my prayers.
I hear the soft sound of leaves and Angels
when the snow moon rises in the sky
to illuminate our love.

¿DÓNDE ESTÁ ORIÓN?

¿A dónde me lleva este barco
que zarpa sin brújula ya tarde en la noche?
¿Dónde está Orión?
Serás criticado, serás denigrado,
recorrerás el alba, el fuego,
la belleza inmaculada, el ardid, el infierno.
No llegarás a las costas, a lo hondo.
Te perderás en el viaje.
Cuando seas viejo leerás despacio
lo que escribiste para repasar tus errores,
tus ojeras, los sueños perdidos,
y ya no podrás agregar ninguna letra,
solo el amor íngrimo te seguirá fiel al mar,
a un atolladero de estrellas.

Francisco de Asís Fernández

WHERE IS ORION?

Where is this ship taking me
sailing without a compass at such late hour?
Where is Orion?
You will be criticized, you will be vilified,
you will wander through dawn, fire,
immaculate beauty, deceit, hell.
You will be kept from shore, the depths of your soul.
You will be lost at sea.
In your old age you will slowly read
what you wrote before, revisiting your errors,
hollow-eyed, dreams lost,
and you will be unable to add a single letter,
love alone will faithfully follow you to sea,
entangled in stars.

ESCRIBE TU SUEÑO DE LA VIDA

Escucha la música como un ciervo herido,
escribe tu sueño de la vida
y no dejes que se marchite tu sueño.
Arriba hay un nido de águilas
que cuida tus ilusiones
y tú eres un viejo amante lleno de ilusiones
que sube los bosques del norte,
duerme con el pez y la serpiente
y con el vino rojo como la sangre
y cuando duermes se te sale el nombre
de tu amor
y lo sueñas como un escapulario.
La vida es la más grande aventura
y no puedes evadir el dolor antes de la muerte.
Pero, ¡Ay, Dios mío!, haz que mi vida florezca
en la muerte.

WRITE YOUR LIFE'S DREAM

Listen to music like a wounded deer,
write your life's dream
and don't allow hope to wither away.
There is an eagle's nest above
that watches over your dreams
and you are a seasoned lover of dreams
who climbs forests in the north,
who sleeps with the fish and the serpent,
and with red wine for blood
and in your sleep you whisper the name
of your love
dreaming it like a scapular.
Life is the greatest adventure
and you cannot elude pain before death.
But, Oh God!, make my life blossom
in death.

HOY EN LA MAÑANA VI UN PETIRROJO

Hoy en la mañana vi un petirrojo
en la rama de un árbol bajo el cielo dorado,
en una rama de azafrán pálido sin nudos.
Tú sabes lo que hay en mi corazón, Dios mío,
y sabes que yo me quisiera ir
con una bandada de pájaros,
dejar mi sombra doblada de dolor
en un adobe desmoronándose.
Hoy en la mañana vi a un petirrojo alzar el vuelo
en el cielo dorado,
lo vi trazar el rojo de la naturaleza
en lo inmaculado,
la sangre del bisonte en la pradera,
pintada en Altamira la posesión del alma
y cazar, bailar la sangre,
un ave del paraíso en la rama del árbol.

THIS MORNING I GLIMPSED A ROBIN

This morning I glimpsed a robin
on the branch of a tree under a golden sky,
on a pale saffron-colored branch with smooth bark.
You know my heart, dear God,
and you know that I would like to rise
with a flock of birds,
leaving my shadow overcome with grief
to collapse surrounded by adobe.
This morning I glimpsed a robin taking flight
in a golden sky,
I saw it trace nature's red
in vast immaculate,
bison blood in the meadow,
painted in Altamira, the posession of the soul
and hunting, dancing blood,
a bird of Paradise on the branch of a tree.

TU NOMBRE Y EL MAR

Tu nombre es la palabra más bella
que me ha dicho el mar,
tiene el sabor de una rosa
en los vientos del sol.
Tu nombre con la carne rica
que muerdo todos los días,
que abre la virtud
de los siete pecados capitales
de mis riquezas teologales.
Tu nombre es el sueño que persigo,
la verdad y la duda que me aprendo,
las letras de un alfabeto
que solo tiene las letras de tu nombre
y lo dice
antes de volver al mar.

YOUR NAME AND THE SEA

Your name is the most beautiful word
the sea has spoken to me.
It tastes like a rose
in solar wind.
Your name with divine flesh,
that I savor each day,
opening virtue
the seven capital sins
my theological possessions.
Your name is the dream for which I yearn,
truth and doubt I learn,
the letters of an alphabet
made only of the letters in your name
spoken
as it returns to the sea.

EL REY DAVID

El Rey David canta Salmos en la noche
que es hermana del mar
y de los arrecifes de corales.
Le canta a Betsabé acompañado de su arpa.
Tiene al cielo encima de sus manos,
ve la cara de Dios en la tormenta de arena,
las imágenes que arden en una estrella,
la muerte de Urías atrapada en sus pensamientos.
En lo profundo del mar hay unas letras
escritas por el Rey David
que lloran la muerte de su hijo Absalón
y que lloran más por el pecado de Urías.
Al papá de mi tatarabuelo lo acusaron
del pecado de David en la muerte de Urías,
pero solo tú sabes Dios mío,
qué hay en los pensamientos de los hombres.

Francisco de Asís Fernández

KING DAVID

King David sings Psalms at night
sister of the sea
and coral reefs.
He sings to Bathsheba accompanied by his harp.
With heaven over his hands,
seeing the face of God in a sandstorm,
images that burn in a star,
the death of Uriah trapped in thoughts.
At the bottom of the sea lie some letters
written by King David
that mourn the death of his son Absolom
and that mourn even more the sin of Uriah.
The father of my great-great-grandfather was accused
of David's sin in Uriah's death,
but only you know, oh God,
what lies in the thoughts of men.

LA LETRA CARMESÍ DE TU NOMBRE

Todos los días que vivo contigo
me crean recuerdos
que producen mis propios relámpagos.
Tu pelo brilla con tu luz
y tú vuelas al cielo iluminado de mi alma.
Tú me retienes en lo profundo de tus sueños
y me haces vivir la letra carmesí de tu nombre.
El pequeño ruido de tus alas
en el aire hermoso
le enseñó a mis ojos a no saber llorar.
Tú eres mi jazmín
y mi guirnalda de jazmines junto al río.
Tú eres mi armadura celeste,
tú haces el milagro de mantenerme vivo,
tú eres mi certidumbre y mi incertidumbre
y quiero que seas el último pensamiento
de mi vida cuando vaya a morir.

THE CRIMSON LETTER IN YOUR NAME

Each day of my life with you
brings me memories
that set off flashes of lightning within me.
Your hair shines with your light
as you soar to my soul's illuminated sky.
You keep me deep in your dreams
forcing me to live the crimson letter of your name.
The soft flutter of your wings
through the beautiful air
taught my eyes not to cry.
You are my jasmine
and my wild jasmine beside the river.
You are my azure armor,
working a miracle to keep me alive,
my certainty and my uncertainty
and I want you to be the final thought
in my life as I pass to eternity.

CUANDO ERA NIÑO

Cuando era niño
mi padre con su mano me hacía la cruz
en la frente
para que viera la llegada de los pájaros
y la madera lunar al amanecer.
Mi padre le cantaba a Dios
para que yo no tuviera falsos amores
para que no remara contra el viento
y para que mi amor fuera un alma
que respirara junto a mí.
Mi padre con su mano me hacía la cruz
en la frente
mientras me decía:
que el amor te atrape en una isla desierta,
que te haga poeta y adictivo al amor,
que seas capaz de morir por la belleza,
que tu vida sea una música extremada,
que siempre tengas arrebatos de inspiración,
que escuches el ruido interior de tu alma,
que tu mente nunca vaya a lugares oscuros,
y para que recuerdes siempre que la vida es inconclusa.

WHEN I WAS A BOY

When I was a boy
my father took his hand and make the sign of the cross
on my forehead
for my gaze to greet birds
and the moon at dawn.
My father sang to God
for me to not have false loves
for me to not row against the tide
and for my love to be a soul
to breathe beside me.
My father took his hand and made the sign of the cross
on my forehead
as he repeated to me:
may love trap you on a deserted island,
may it make you a poet, addicted to love,
may you be willing to die for beauty,
may your life be intense music,
may you always be seized by inspiration,
may you listen to the inner voice in your soul,
may your thoughts never enter darkness,
and may you always remember that life is eternal.

BAILANDO A MOZART CON MI ALMA

Hay un eco del mar en un mundo invisible
solitario y deprimente.
Lo oigo cuando regreso a casa
devastado, vano, vacío.
En ese eco vivo indefenso y víctima
en tierras desoladas,
con aves curiosas poniendo el cielo en la tierra,
bailando a Mozart con mi alma.
Así vive mi alma con mi sumiso corazón
oyendo el eco del mar,
en una llanura inmensa tallada en una esmeralda
en el aire de la vida y el silencio de la tierra.

DANCING TO MOZART WITH MY SOUL

There is an echo of the sea in an invisible land
dismal and lonely.
I hear it as I return home
devastated, hollow, empty.
I inhabit that echo defenseless, a victim
in a desolate land,
with curious birds carrying heaven to earth,
dancing to Mozart with my soul.
This is how my soul lives with my meek heart
hearing the sea's echo,
over an immense plain carved in emerald green
through life's air and earth's silence.

AMO LA VIRTUD DE TU BOCA DE MIEL

A Gloria

Cada vez que la poesía me hace recordar quién soy,
de dónde vengo,
cada vez que muero en la bondad de los sueños,
cada vez que el cabello cae sobre tu rostro,
cada vez que el sol es más oscuro que la noche,
cada vez que surjo de pantanos y espinos,
cada vez que el eco de mi voz se orilla en tu almohada
me despierto bajo los cipreses y los pinos
mudo de amor buscándote,
encontrándote y perdiéndote.
Amo la virtud de tu boca de miel,
la mística medieval de tus ojos, la doctrina de tu amor,
la burbuja celestial en el cielo de mi boca,
tu sendero de orégano y palomas.
Yo soy la debilidad y tú eres mi fortaleza,
tú eres mis versos y mi melodía,
tu llenas mis palabras vacías
y el amor que te tengo es mi orgullo espiritual.

I LOVE THE VIRTUE OF YOUR MOUTH OF HONEY

To Gloria

Whenever poetry reminds me of who I am,
where I come from,
whenever I succumb to the goodness of dreams,
whenever your hair falls over your face,
whenever the sun is darker than night,
whenever I emerge from swamps and thorns,
whenever the echo of my voice reaches the edge of your pillow
I awaken under cypresses and pines
speechless in love, seeking you,
finding you, and losing you.
I love the virtue of your mouth of honey,
the medieval mysticism of your eyes, your philosophy of love,
the celestial sphere rising to heaven in my mouth,
your path of oregano and doves.
I am weakness and you are my fortress,
you are my poetry and my melody,
you fill my empty words
and the love I feel for you is my spiritual distinction.

TOMA MI VIDA DIOS MÍO

Que Dios tome mi vida
cuando se apaguen los rayos del sol,
cuando el mar rompa el hilo azul de la arena,
cuando mi memoria solo cante la dulzura
de su nombre
cuando me sienta lejos del ángel de la oscuridad.
Toma mi vida, Dios mío,
llena de poemas de amor, lágrimas y rosas,
y la mano amada de mi padre.
Tómala, Señor, porque no supe vivirla,
porque no supe entender la belleza
del alma que me diste.
Mi corazón se salió por todas las ventanas
que dan a la calle
a pedir amor desmesurado, miel,
bosques, latidos, adelfas, una estrella
en la mano.
Toma mi vida, Señor, tómala,
y devuélveme al mundo porque ya aprendí
la plenitud de mi alma.

TAKE MY LIFE, DEAR GOD

May God take my life
as the sun's rays go dark,
as the sea breaks the sand's blue thread,
as my memory sings only the sweetness
of your name
as I feel far from the angel of darkness.
Take my life, dear God,
full of love poems, tears, and roses,
and my father's beloved hand.
Take it, Lord, because I never knew how to live it,
because I never understood the beauty
of the soul you gave me.
My heart leapt through every window
leading to the street
begging for free love, honey,
forests, throbbing, oleander, a star
in my hand.
Take my life, Lord, take it,
and return me to the world while I now understand
the abundance of my soul.

LA LUNA CAMINA SOBRE MI ALMA

Un ángel entra en la niebla de mi agonía,
en el angustioso incendio del vuelo
para entregar mi alma.
Ahora desaparecen mis lágrimas,
la luna camina sobre mi alma,
un elefante cubierto de rosas
está volando a mi alrededor
con un inmenso océano negro en los ojos.
¿Si muero podré amar a alguien más?
Yo sé que desde la muerte me aman
porque tanto amor no se puede acabar con la vida.

THE MOON WALKS OVER MY SOUL

An angel enters my clouded agony,
the anguished burning of the journey
to deliver my soul.
My tears are disappearing,
the moon walks over my soul,
an elephant draped in roses
is flying around me
with an immense black ocean in its eyes.
If I die, will I be able to love again?
I know that there are those who love me from death
because such love cannot end with life.

TODO COMIENZA CON LA MUERTE

Todo comienza con la muerte
que está más allá del mar y los desiertos,
más allá de donde el cielo se divide
más allá del ecuador celeste.
Ahí mi demente corazón
quiere conocer el secreto de la muerte
el río que la alimenta, su aroma.
El sueño es hermano de la muerte.
El sol y la luna están lejos de mí
igual que la muerte
igual que la belleza del naranjo.
Mi alma no le puede quitar los ojos a la muerte.
He pasado obstáculos y cadenas para
llegar hasta aquí
pero si mi alma está sucia
el mar lleno de lágrimas ahogará mis ojos
hasta que el árbol empiece a caminar
hacia la muerte.

IT ALL BEGINS WITH DEATH

It all begins with death
beyond the sea and desert,
beyond the horizon,
beyond the celestial equator.
There my crazy heart
seeks the secret of death
the river that feeds it, its scent.
Sleep is the brother of death.
The sun and the moon are as distant
as death
as the beauty of the orange tree.
My soul cannot take its eyes off death.
I have overcome obstacles and shackles to
reach this point
but if my soul is not pure
a sea of tears will flood my eyes
until the tree begins its path
toward death.

AL ALBA MUERE EL CISNE

Los cisnes no hieren la noche,
nadan entre la orilla y el sueño
alumbrados por una luna gigantesca
y una crin larga asomada en el espejo.
Al alba muere el cisne como una dorada Pavlova
en el solsticio de invierno
contestando todas las preguntas en su agonía.
El cisne muere en la puerta del paraíso.
Nada en la orilla del Tigris y el Éufrates.
¿Qué puede ambicionar un cisne
si tiene la belleza?
¿Qué puede ambicionar la muerte
si tiene la vida eterna?

THE SWAN DIES AT DAWN

Swans do not disturb night,
they glide between slumber and shore
illuminated by an immense moon
an extended crest in the mirror's reflection.
The swan dies at dawn like a golden Pavlova
on the winter solstice
answering every question in agony.
The swan dies at the gates of paradise.
It swims along the Tigris and the Euphrates.
What can the swan desire
if it already has beauty?
What can death desire
if it already has eternal life?

AHORA SE OSCURECE EL MAR

Al poeta Raúl Zurita

En un lejano universo
alguien repite el llanto, el dolor y la soledad
de mi sangre.
Todos somos el espejo de otros
y la muerte se repite insaciable como un crimen,
como una pasión, como la misma ola contra
la roca,
como un mismo discurso interminable
dicho por el padre, el hijo, el nieto,
el pájaro del cielo, la amapola.
Ahora se oscurece el mar y me hiere.
Y vienen las sombras de los años repitiendo
el mismo crimen, el mismo odio, gota a gota,
haciendo zarpar la esperanza y la crueldad.
Ahora se oscurece el cielo y llueve la piedra
sobre la piedra pómez y el dolor sobre el dolor
y el llanto sobre la lluvia ácida.
Y los pájaros seguirán cantando
la expulsión del paraíso
y todos los Caínes seguiremos matando a Abel
y haciendo poemas para limpiarnos el alma.

NOW THE SEA GROWS DARK

To the poeta Raúl Zurita

In a distant universe
someone echoes the weeping, the pain, and the solitude
of my blood.
We are all mirrors of others
and death echoes infinitely like a crime,
like passion, like the wave over and over against
the rock,
like the same never-ending speech
given by a father, a son, a grandson,
a bird in the sky, a poppy.
Now the sea grows dark and I am wounded.
Shadows of years appear echoing
the same crime, the same hatred, one by one,
unleashing hope and cruelty.
Now the sea grows dark and pumice rains
down on pumice and pain on pain
and weeping on acid rain.
And birds will continue to sing
the expulsion from paradise
and we who are Cain will keep killing Abel
and writing poems to cleanse our soul.

ODISEO ANTES DE DORMIR

Mi alma se ha vuelto cenizas
y no hemos construido el caballo de madera
para escondernos y tomarnos la ciudad.
Demasiado hemos esperado.
Demasiados hemos muerto.
A demasiados hemos matado
en este clima lluvioso y húmedo.
Yo sudo sangre en los combates
y cuando me hieren, lloro de rabia.
La borrasca del mar nos espera
y el perro que cuida la entrada de mi casa.
Nadie interrumpe el canto de las sirenas,
dicen designios aterradores, miedos, muertes,
la traición del mar.
Vi los ojos de la serpiente encadenada
sacando su lengua dulce antes de traicionarme,
antes de quemar mi alma en el amor.
Adentro de la ciudad está la que vinimos a buscar
pero nos llevaremos más, mujeres y oro
y la humillación de su derrota.
Siempre hay que cantar en la borrasca.

ODYSSEUS FALLING ASLEEP

My soul has turned to ashes
and we have failed to finish the wooden horse
to ambush and conquer the city.
So long have we waited.
So many of us have perished.
We have killed so many
in this wet, humid climate.
I sweat blood in combat
and when I am wounded, I cry with rage.
Before us the sea squall,
and the dog that guards my house.
No one can stop the sirens' song
revealing terrible fates, fears, deaths,
the sea's betrayal.
I saw the chained serpeant's eyes
flicking its sweet tongue before it betrayed me,
before it burned my soul with love.
The woman we sought is here in the city
but we will take more, women and gold,
and their humiliation in defeat.
A sea squall always calls for song.

PARA MÍ EL SOL NO BRILLARÁ

Para mí el sol no brillará,
solo se encenderá una llama púrpura
en el agitado mar del dolor y la agonía.
¿Cómo puedo lidiar con esta verdad,
con el mito del silencio y la tiniebla?
¿Hay un ángel de la música
para que me esconda en un escondite de aves,
en una luna cálida con pechos de nardo?
Para mí el sol no brillará.
Se fue mi amor extraviado,
me dejó de amar
y ahora solo conozco mi oscuridad.

THE SUN WILL NOT SHINE FOR ME

The sun will not shine for me,
nothing but a purple flame will light
in the turbulent sea of pain and agony.
How can I contend with this truth,
with the myth of silence and shadows?
Is there an angel of music
to hide me in a bird's nest
in a warm moon with spikenard breasts?
The sun will not shine for me.
My love has gone and vanished,
it ceased loving me
and now I know only darkness.

¿CÓMO SERÁ EL CIELO DE LA MUERTE?

A mis amadísimos nietos

La muerte está en la estrella más lejana
porque abre nuevos cielos.
Pero ya mi alma la toca a tientas.
¿Cómo será el cielo de la muerte?
¿Cuáles son sus olores?
¿Se queda uno viendo y oyendo a los amores
que deja?
Seguramente el nuevo cielo te arrebata
en un éxtasis divino y la belleza te hace ver
lo invisible.
Los olores en el cielo no conocen la muerte,
ahí no mueren las flores, no hay tinieblas,
ahí no hay sueños, hay vida eterna.

WHAT WILL HEAVEN BE LIKE IN DEATH?

To my beloved grandchildren

Death is on the most distant star
because it is the door to new heavens.
But my soul is already beginning to reach it.
What will heaven be like in death?
What scents will it hold?
Do you still see and hear your loved ones
you leave behind?
Surely the new heaven carries you off
in divine ecstasy, and beauty reveals
what is hidden.
Heaven's scents do not know death,
flowers there do not wilt, there is no darkness,
there are no dreams, only eternal life.

CUANDO EL VIENTO IMPLACABLE

Cuando el viento implacable nos borra la cara
y no tenemos dónde guarecernos.

Despojado de toda humanidad
el hombre ve la crueldad y calla.
La noche callada esconde la verdad desnuda,
pero la sangre sale a la calle, jadea, grita,
cobra justicias inútiles, entra a la cárcel,
cuando el viento implacable nos borra la cara.

Pero hay un espacio que tienen los amantes,
un segundo quizá, donde solo cabe el olvido
para darle paso al halo inmaculado del relámpago.
Porque el amor todo lo puede y vence a la muerte.

IN UNRELENTING WIND

In unrelenting wind whipping our faces
we are without shelter.

Stripped of all humanity
man sees cruelty and says nothing.
The hush of night hides the naked truth,
but blood protests, gasping, crying out,
demanding futile justice, imprisoned,
in unrelenting wind whipping our faces.

But there is a space shared by lovers,
a moment perhaps, filled only with forgiveness,
that opens a path for lightning's immaculate halo.
Because love conquers all, even death.

QUIERO MORIR EN LA BELLEZA DE UN LIRIO

Quiero morir en la belleza de un lirio
sin pecado concebido,
así como nací en la pureza del agua de mi madre.
La vida me dio el rojo de la rosa
y una vida consciente del dolor natural
de la mala levadura que tiene el hombre en su raíz.
Así subí a mi alma donde crecen el cardo y el lirio
y encontré mi sangre, delirios,
reliquias de mi padre y de mi madre
y muchas lágrimas por un amor no correspondido.

Francisco de Asís Fernández

I Want to Die in the Beauty of a Lily

I want to die in the beauty of a lily
free from sin,
just as when I was born from my mother's pure water.
Life gave me red from a rose
and awareness of earthly pain
from rancid leavening, the root of man.
From there my soul met the thistle and the lily
and I discovered my blood, visions,
vistiges of my father and mother
and countless tears for unrequited love.

UN SOL SE PONÍA EN TU PELO

A Carlos Mejía Godoy y a Xóchitl

Un sol se ponía en tu pelo
y una luna arrancaba tu sombra.
He visto el fuego recorriendo los pastizales
y quemando solo mi alma que ya era tuya.
He visto el mar arrebatando el infinito,
santificando el cuenco de tu mano
que guarda una estrella.
Por tus pechos amanecen mis sueños
limpios de amarguras
y entro a mis pensamientos
para que, luminosa,
me regales trinos, alas, lluvias,
y la purificación de mi alma.

A Sun Set in Your Hair

To Carlos Mejía Godoy and to Xóchitl

A sun set in your hair
and a moon stole your shadow.
I have seen fire crossing the plains
burning nothing but my soul, already yours.
I have seen the sea seize infinity,
sanctifying the palm of your hand
holding a star.
From your breasts my dreams awaken
free from bitterness
and I turn to my thoughts
so that, illuminated,
you give me song, wings, rain,
and the ablution of my soul.

EN LA MONTAÑA DE LAS AVES

A mi hermano Omar d' León

En la montaña de las aves
viven los animales sagrados
y los ángeles vuelan sobre sus elefantes blancos
y las mujeres jóvenes toman agua de las fuentes
igual que las aves y los pavos reales,
los cisnes, las jirafas y los alcaravanes.
Un niño me dijo que las aves de belleza pura
que viven en esa montaña,
en ese palacio de fuentes y jardines
son los ángeles que vigilan el orden del universo.

Francisco de Asís Fernández

BIRD MOUNTAIN

To my brother Omar d' León

Bird mountain
is inhabited by sacred animals
as angels soar over white elephants
as young women gather water from fountains
beside songbirds and peacocks,
swans, and aquatic birds.
A boy told me that the beautiful birds
that inhabit that mountain,
that palace of fountains and gardens,
are angels that guard the harmony of the universe.

ROJO Y NÁCAR

Al poeta Fanor Téllez

Rojo y nácar, ¿dónde está la noche?
¿Por qué se esconde de mí y no me trae el sueño?
Yo no quiero que Luzbel me diga:
¿Qué te puede dar Dios que yo no te pueda dar?
Porque yo sé que Dios no me ha quitado la noche
ni a los ángeles que encienden su virtud
cuando el sol se apaga.

RED AND NACRE

To the poet Fanor Téllez

Red and nacre, where is night?
Why does it elude me, leaving me awake?
I don't want Luzbel to say to me:
What can God give you that I cannot?
Because I know that God has not robbed me of night
nor of angels whose virtue shines
with the setting sun.

UN JUGLAR SAGRADO

Un juglar sagrado,
con el amor bruñido por su canto,
y una luna triste
me cuentan el sueño donde unos leones
se comen la marea del mar.
Un juglar sagrado y un lucero inútil
lloran por los marineros que fueron
devorados por las sirenas.
El juglar sagrado llora porque las sirenas
desatan olas inmensas, lluvias, tormentas,
ciclones, aires húmedos y muertes crueles.
Pero también hay sirenas en el mar
que cuando cantan te enamoran para siempre
y pueden convertirte en un marinero en el cielo.

Francisco de Asís Fernández

A Sacred Minstrel

A sacred minstrel,
his love radiant with song,
and a sad moon,
tell me the dream where lions
swallowed the ocean tide.
A sacred minstrel and a useless star
weep for the mariners
devoured by sirens.
The sacred minstrel weeps because sirens
unleash immense waves, floods, storms,
tornadoes, fog, and cruel death.
But the song of some sea sirens
can enamor you for eternity
and can turn you into a mariner of heaven.

SECRETOS EN EL CIELO

Mucho quise pasearme sobre el cielo
con las mujeres que amé,
una prima que pasó por mi vida
con el ala de un arcángel
y me dio su flor en mi boca
para que nunca la olvidara,
para que se me borrara el olvido.
Ella y yo tenemos ese secreto de la noche
escondido sobre el cielo
y se descubre levantando meteoritos,
planetas, asteroides, soles, hoyos negros.
Pero cuando los ángeles esconden un secreto
ellos se quedan sin moverse,
sagrados como una Eucaristía,
porque debe ser un secreto
que no debe descubrirse todavía.

SECRETS IN HEAVEN

I often tried to reach the sky
with the women I loved,
a cousin who flew in and out of my life
on an archangel's wing
placing her flower in my mouth
to keep me from forgetting.
We keep that secret night
hidden above the sky
where it sends out meteorites,
planets, asteroids, suns, black holes.
But when angels hide a secret
they keep it sealed,
Sacred as the Eucharist,
because it must remain a secret
yet to be revealed.

ILUMINADOS POR EL PECADO ORIGINAL

Si se pellizca la noche brota una estrella.
Y se hizo la luz. El fuego eterno.
El fuego inmenso alumbrando el cielo impecable
del paraíso, del purgatorio y del infierno.
Las bestezuelas y el hombre
iluminados por el pecado original,
para vivir tienen que matar.
Un ala surca el azul inmenso,
los pájaros tienen el oboe y cantan
al ángel bueno y al ángel peor.
Los ángeles son soles alterados,
diamantes enamorados del abismo.

Francisco de Asís Fernández

ILLUMINATED BY ORIGINAL SIN

If you pinch the night, a star appears.
And there was light. Eternal fire.
Intense fire illuminating the immaculate heaven
of paradise, purgatory, and hell.
Beasts and men,
enlightened by original sin,
must kill to live.
A wing slices the blue vastness,
as birds play the oboe and sing
to the good angel and the evil angel.
The angels are altered suns,
diamonds enamored by the abyss.

ESTE ES MI CUERPO Y ESTA ES MI SANGRE

Me condenaba el espíritu con sus manos
largas y tibias
y yo le entregaba mis poemas:
este es mi cuerpo y esta es mi sangre.
Y yo entraba a su boca con dulzura,
con el estremecimiento del alma en el lodo,
con mis alas quebradas
porque ella es mi par entre el cielo y el cielo.

THIS IS MY FLESH AND THIS IS MY BLOOD

She sentenced my spirit with her hands
long and warm
And I offered her my poems:
this is my flesh and this is my blood.
And I entered her mouth softly,
with my soul quivering in wet earth,
with broken wings
because she is my equal between heaven and heaven.

EL VERDE OSCURO Y EL VERDE LUMINOSO

El verde oscuro y el verde luminoso,
cuando yo era joven y las mujeres me amaban
la arena del mar hundiéndose bajo mis pies
con los cangrejos diminutos,
el paraíso terrenal hundiéndose con las iguanas,
insaciables de mí y del arco iris,
Renoir frente al río, el verde oscuro
y el verde luminoso
Cezanne, de la mano a la tela,
con los colores íntimos en los ojos de la iguana.
Es la misma iguana cuando el descendimiento
de Cristo,
registrado por Van Der Weiden,
la misma cuando Odiseo se llevó a Hécuba
como esclava.
El mismo verde oscuro y el verde light.

DARK GREEN AND LUMINOUS GREEN

Dark green and light green,
In my youth, when women desired me,
ocean sand sinking beneath my feet
and tiny crustaceans,
earthly paradise underwater with iguanas,
with an appetite for me and for rainbows,
Renoir facing the river, dark green
and light green
Cézanne, from hand to canvas,
with the hidden colors of iguana eyes.
It is the same iguana in the Descent
from the Cross,
by Van der Weyden,
the same one when Odysseus took Hecuba
as a slave.
The same dark green and light green.

YO TENGO EN MI CORAZÓN UN MAR PROFUNDO

Yo tengo en mi corazón un mar profundo
cubierto de oscuridad, heridas densas
y rosas negras.
Mi corazón es un hoyo negro donde viven
nebulosas, esmeraldas, estrellas desnudas
y gusanos de seda.
Un día un ave perdida en un antiguo trino
me invitó al horizonte para leer mis ojos
llenos de versos y de lágrimas;
en ellos tengo garzas, araucarias,
el canto y el silencio de las sirenas,
amores finitos e infinitos.
Pero yo no quise verme en el ocaso,
no quiero presenciar mi muerte
estando tan enamorado.

IN MY HEART LIES A VAST OCEAN

In my heart lies a vast ocean
bursting with darkness, hardened wounds
and black roses.
My heart is a black hole filled with
nebulas, emeralds, naked stars
and silkworms.
One day a stray bird with an ancient trill
called me to the horizon to read my eyes
full of verses and tears;
in them I carry herons, araucaria trees,
the sirens' song and silence,
finite and infinite loves.
But I chose not to see myself at twilight,
I do not want to witness my death
so in love.

TÚ TIENES MI OSCURIDAD Y YO SOY TÚ

Tú tienes mi oscuridad y yo soy tú
en una selva de pájaros.
Suena música triste cuando me pincha
la espina de una rosa
y las aves trinan omnipotentes
entre las ramas, las hojas y el silencio.
Tú tienes oscuridad y yo soy tú,
mi delfina rosada;
yo soy tú, como Flaubert es Madame Bovary;
y yo, Simonetta Vespucci.
Tu oscuridad es mi destino:
el principio de mi vida y mi muerte.

Francisco de Asís Fernández

YOU ARE MY DARKNESS AND I AM YOU

You are my darkness and I am you
amid tropical birds.
Sad music plays as I am pricked
by a thorn
and the birds trill in omnipotence
from branches, leaves, and silence.
You are my darkness and I am you,
my pink dolphin;
I am you, as Flaubert is Madame Bovary;
and I, Simonetta Vespucci.
Your darkness is my destiny:
the origin of my life and death.

LUDWIG VAN BEETHOVEN

A Miguel Polaino

En su cabeza atormentada sorda de jardines
y llena de dolor seco
no se callaban nunca la fuerza acústica del trazo del piano,
la nota inviolable de los violines,
el éxtasis suspendido en el aura de la escalera de Jacob,
en la virtud del silencio para que solo oiga su música,
para que solo bulla lo eterno, el éter, el cielo,
la agitación del mar,
y pueda calmar su corazón colmándolo
con la repetición del relámpago.

LUDWIG VAN BEETHOVEN

To Miguel Polaino

In his tormented mind deaf to gardens
and full of aching pain
resounded the constant clamor of piano key acoustics,
the inviolable notes of violins,
ecstasy suspended in the aura of Jacob's ladder,
in the virtue of silence for music to be the only sound,
to hear only eternity, ether, heaven,
the turbulent sea,
and for it to calm his heart filling it
with the echo of lightning.

CON EL MUNDO EN UN PÁJARO

La belleza me perturba,
me convierte en un salvaje en soledad
con el mundo en un pájaro.
Cuando alzo el vuelo el color me da la libertad
y abre el milagro de la pureza del asombro
por una rosa virgen.
La belleza me hace un ángel enamorado,
me hace un tigre sin manchas.
La belleza no conoce el crimen,
es un jazmín intocato
que nace como un jazmín entre los jazmines.

WITH THE WORLD IN A BIRD

Beauty excites me,
transforming me into a lonely beast
with the world in a bird.
When I take flight color frees me
and offers the miracle of pure wonder
at a virgin rose.
Beauty transforms me into an enamored angel,
a white tiger.
Beauty is without sin,
an untouched jasmine
that is born a jasmine among jasmines.

COMO UN RAYITO DE LUNA

Mi rayito de luna vive demasiado ocupado
alumbrando al universo
y cuando duerme, canta el romero.
Ese rayito de luna respira como el teatro de Shakespeare,
escribe los poemas de mi amigo Vicente Aleixandre,
y los de mi amado Antonio Gamoneda.
La luna creciente me saca de mí
y una torcaz inadvertida
me convierte en el poema que soñé.

Francisco de Asís Fernández

LIKE A TINY RAY OF MOONLIGHT

My tiny ray of moonlight is always busy
lighting up the universe
and when it sleeps, the pilgrim chants.
That tiny ray of moonlight breathes like Shakespeare's plays,
writes my friend Vicente Aleixandre's poems,
and poems by my dear Antonio Gamoneda.
The crescent moon awakens me
and a hidden dove
transforms me into the poem I dreamed.

UN ÁNGEL DE CARBÓN DIAMANTE
ME REGALÓ UNA ESTRELLA

En la calle todo es carbón
 y los cuatro ángeles esperaron
 a que el cielo se pusiera como una pizarra negra
con una luciérnaga reflejada en el mar.
Los negros en Harlem sudan carbón diamante
como Los Ángeles.
Los truenos van a la calle a ver ángeles de carbón
y encuentran luciérnagas reflejadas en el mar.
Un ángel de carbón me regaló una estrella
para que la pusiera en un rótulo gigante.

A BLACK DIAMOND ANGEL GAVE ME A STAR

Everything is black in the street
and the four angels waited
for the sky to turn dark like a blackboard
with a firefly reflected on the sea.
Blacks in Harlem sweat black diamonds
as in Los Angeles.
Thunder rumbles to the street to see black angels
finding fireflies reflected on the sea.
A black angel gave me a star
for me to place on a gigantic neon sign.

MI CORAZÓN ABRE LA LLAVE Y CANTA

Mi corazón tiene un color manso
y se sabe de memoria el silencio de los elefantes,
abre la llave y canta como un delfín
con un cerebro extremadamente despierto
y la gracia de la dorada Pavlova.
Amor, amor, necesitamos tocar la vida
y amar a la frenética dulce bestia que somos
cuando nos apareamos.

Francisco de Asís Fernández

I OPEN MY HEART AND SING

My heart is a gentle color
and it knows the elephant's silence from memory;
it opens up and sings like a dolphin
with a powerfully focused mind
and the grace of the golden Pavlova.
Love, love, we need to touch life
and love the frenetic sweet beast that we are
when we mate.

LAS ORQUÍDEAS LILAS

Las orquídeas lilas son deliciosamente osadas,
revuelven la esperanza del azar
con el suicida que cierra la mano y su corazón
para que no se lo arrebate el destino.
Tienen el alma de los pájaros
que saben que la muerte te deja en el cuarto vecino
para oír cómo es el amor
de los hombres por la vida.

PURPLE ORCHIDS

Purple orchids are delightfully daring,
they mix hope for prosperity
with a suicidal clenching fist and heart
so no one may steal their destiny.
They have the soul of birds
who know that death leaves you in the next room
for you to hear the sound of love
that humans have for living.

LOS PÁJAROS INVENTARON LA MÚSICA

A Elena Poniatowska

Los pájaros inventaron la música
al principio del mundo:
"Hagamos lo que quiere el corazón"
y los árboles se mecían
haciendo grandes las alas del fuego.
Los pájaros amansan la piedra y la llama.
Los dragones y los dinosaurios
se sabían la música de los pájaros
y murieron dulcemente recordándola
en el cielo de sus ojos.

BIRDS INVENTED MUSIC

To Elena Poniatowska

Birds invented music
as the world began:
"May we complete the heart's desire"
and the trees swayed
to fan the wings of fire.
Birds command stone and flame.
Dragons and dinosaurs
knew the music of birds
and died evoking it sweetly
in the heaven in their eyes.

EL FRENESÍ DE LOS PÁJAROS VOLANDO SOBRE EL MAR

El frenesí de los pájaros volando sobre el mar
millones de aves sobre un desierto azul
habitando el hielo
con pingüinos, morsas, focas, osos polares, orcas,
delfines, algas y peces.
No hay voz humana que llore en la noche,
no hay serpiente que cambie de piel.
Aquí no llegan las botellas de los náufragos.
Aquí todos los caminos llegan al alba.

Francisco de Asís Fernández

FLURRY OF BIRDS CROSSING THE SEA

Flurry of birds crossing the sea
flocks in the millions in a blue desert
ice dwellers
with penguins, walruses, seals, polar bears, orcas
dolphins, fish, and seaweed.
There is no human voice to cry in the night,
There is no serpent to shed its skin.
This is not the place for a message in a bottle.
This is where all paths lead to dawn.

DESPUÉS DE LA MITAD DEL CAMINO

Mi vida es devorada por los pájaros del dolor.
Un águila se me come el hígado
y mi corazón inservible como un buitre cojo borra mis poemas.
Quieren arrancarme de todos los asientos
y yo vivo sentado en mi ventana llorando mi miseria.
¿A quién le escribo una carta servil para que me consuele?
¿Por qué no encuentro un alma caritativa
que me ayude a pensar en una vida sin tristezas?
¿Por qué no puedo convencer a la Simonetta
Vespucci de que me dé un poco de amor por caridad?

THE POINT OF NO RETURN

Birds of pain devour my life.
An eagle eats my liver
and my useless heart like a lame buzzard erases my poems.
They want to tear me from every seat
and I live sitting by my window weeping in misery.
To whom do I write a flattering letter as a consolation?
Why am I unable to find a generous soul
to help me envision a life without sorrow?
Why am I unable to convince Simonetta
Vespucci to take pity and love me.

SE ME EMPIEZA A CORROMPER LA MEMORIA

Se me empieza a corromper la memoria
y a barrer mi vida como si fuera desperdicio.
Me voy a llenar de vacíos
siento que están entrado a mi cabeza
los camiones de la basura
y que están descuartizando el cuerpo amado
de mis rosas desgraciadas.
Me horroriza terminar mi vida siendo un hombre hueco,
un mueble mal acabado, sin gavetas,
sin secretos que esconder,
y ya no duelen ni la vida ni la muerte.

My Memory Is Beginning to Falter

My memory is beginning to falter
sweeping away my life as if it were litter.
I am going to be full of empty voids
I can feel garbage trucks
entering my brain
crushing the beloved body
of my wilted roses.
I am terrified of dying an empty man,
a piece of unfinished furniture, missing drawers,
missing secrets to hide,
unable to feel the pain of either life or death.

EL DON DEL CIELO

Clara y luminosa la magia salvaje
cruzó el puente celeste en medio del bosque
y nos entregó el don del cielo.
La serpiente le dio el color manzana
al candor de las mujeres y el rubor de su malicia;
y también le enseñó que desobedecer a Dios
en el paraíso
es el principio del mundo.

Francisco de Asís Fernández

THE GIFT OF HEAVEN

Clear and luminous, wild enchantment
crossed the cosmic bridge at the heart of the forest
and gave us the gift of heaven.
The serpent made it apple red
reflecting women's innocence and their wicked blush;
adding the knowledge that to disobey God
in paradise
is the origin of the world.

OH, AMADO TIRESIAS

Ya no veo tanto cielo, pero ahí cabe el infinito
y siento que el mundo es frío
como un témpano sordo.
Oh, amado Tiresias ¿por qué no me dices
para dónde van los astros?
¿por qué no pones en mis sueños mi incierta
carta de navegación?
Tu voz, Tiresias, me hace ver el aluvión
de la montaña empinada de mi alma tiritando,
los colores del mar que le dan humanidad
a la tragedia
y el olor de una rosa.
Voltea mi vida y hazla menos triste,
enséñame palabras mágicas
para abrir el cielo y conocer la majestad.

OH, BELOVED TIRESIAS

Though I may not see much sky now, infinity dwells there
and the world feels cold
like a frozen iceberg.
Oh, beloved Tiresias, why will you not tell me
the destiny of the stars?
Why will you not reveal in my dreams my own uncertain
navigation chart?
Your voice, Tiresias, reveals a vision of a flood
from the steep mountain of my trembling soul,
the colors of the sea that give humanity
to tragedy
and the scent of a rose.
Turn my life around, take away the sadness,
teach me magic words,
to unlock heaven and know grace.

LAS MUJERES TIENEN UN SOL POR DENTRO

Las mujeres tienen un sol por dentro,
y se meten pájaros y dulce de rapadura
dentro de la cabeza
para sacar a pasear el cinabrio y la agonía.
Ven a mí, dulce arboreto de alabanzas de la carne.
Todo lo que sabe la mujer lo aprendió en el paraíso,
el sol que tiene adentro se lo dio la serpiente,
ella supo primero que sin libertad no hay amor
y a Eva no le bastó tocar el cielo.

WOMEN HAVE AN INNER SUN

Women have an inner sun,
and they place birds and sweetness
in their heads
to take cinnebar and agony for a stroll.
Come to me, sweet garden of praise for flesh.
Everything a woman knows she learned in paradise,
her inner sun was the serpent's gift,
she was the first to know that there is no love without freedom
and that Eve was not satisfied merely touching the sky.

ME ESTOY PREPARANDO PARA LA MUERTE

Me estoy preparando para la muerte
porque la muerte es la más grande aventura,
la voy a esperar en el interior de una ceiba.
Pero antes de morir quiero subir a un barco
que vuele sobre el país de las hadas para decirles
que quiero que me devuelvan a mis padres
para que me cuiden cuando corra en patines
en las aceras de la Calle Real de Granada
y para oírlos cantar juntos y decir los poemas
que me llevaron a vivir la vida
de llanto y ternura en medio de la noche.
Que vuelvan para me ayuden a diferenciar
el bien y el mal, el pecado mortal y el venial,
que me hablen de la muerte, de la vida intensa
que es amarga y exquisita,
del amor terrible como un ángel.

Francisco de Asís Fernández

I AM GETTING READY TO DIE

I am getting ready to die
because death is the greatest adventure,
I will await it inside a ceiba tree.
But before I die I want to board a vessel
to sail to the realm of fairies to tell them
that I want them to give me back my parents
to watch over me as I rollerblade
down the sidewalks of Granada's Calle Real
and so that I can hear them sing together and recite the poems
that defined my life
full of tears and tenderness in the heart of the night.
I want them back so that they can help me tell
good from evil, minor from mortal sins,
so that they can speak to me of death, of the passionate life
at once bitter and exquisite,
of terrible love as an angel.

LA VENTANA ES MI MUNDO

I

La ventana es mi mundo
ahí espero con paciencia el movimiento de los astros
y el paso de mi vida callada esperando la noche,
y el canto íngrimo de un ave en su nido.
Mis ojos se llenan de algas y de lágrimas
y la soledad me arrastra en olas vacías
a un mar ya sin cantos de sirenas.

II

Una jirafa se acerca a mi ventana
para ver mis lágrimas y pone su lengua en el vidrio
para dibujar su ternura.
No tiene mentiras en sus ojos
y se queda contemplándome,
respetando mi dolor
mientras el sol amarillo de la tarde se mete
en su piel y en la mía.

Francisco de Asís Fernández

THE WINDOW IS MY WORLD

I

The window is my world
there I patiently follow the path of the stars
and the passing of my quiet life anticipating night,
and the lonely call of a bird from its nest.
My eyes fill with seaweed and salt
my solitude drags me through empty waves
to a sea now devoid of sirens' songs.

II

A giraffe approaches my window
to see my tears, licking the glass with its tongue
to draw tenderness.
Its eyes do not lie,
pausing to contemplate me,
respecting my pain
as the golden afternoon sun imbues
its skin and mine.

UNA RAZÓN PARA VIVIR

Todo lo que un hombre necesita
es una razón para vivir.
¿Y cuál es la mía?
La poesía es la puerta de mi alma.
Mi vida aparece como una niebla
llena de versos de amor y perfume de mirra.
El mundo me rodeó de miseria y soledad
y mi alma tocó la vida con pasión
y mi corazón conmovido
no sabe si va a la luz o a la oscuridad.
¿Dónde está la redención?
Bienaventurados los que tienen hambre de la luna.

A REASON TO LIVE

All anyone needs
is a reason to live.
And what is mine?
Poetry is the door to my soul.
My life seems like a fog
full of love poems and the fragrance of myrrh.
The world surrounded me in misery and solitude
and my soul met life with passion
and my anxious heart
knows not whether it will go to light or to darkness.
Where is redemption?
Blessed are those who hunger for the moon.

EL HOMBRE Y LA MUJER SON TAN INCOMPRENSIBLES COMO EL UNIVERSO

¿Qué hay dentro de mí?
¿Quién soy?
¿Qué hay después de mí?
¿Cómo hago para comprenderme
y comprender el mundo que vivo?
¿Cuál es mi mundo?
¿Y la maldad, el crimen, el poder,
cómo nacen diferentes? ¿cómo se hacen diferentes?
El hombre y la mujer son tan incomprensibles como
el universo.
El hombre es un hoyo negro, un planeta, un sol,
un meteorito, una estrella fugaz, una luna.
Hay que quedarse en silencio
y preguntarle al tiempo cómo fueron
las estrellas que arden,
cómo nacen los instintos,
si los instintos le hicieron el camino al pensamiento,
si el desasosiego le abrió la puerta a la locura.
O preguntarles a los ángeles que viven la belleza
y no corrigen lo que tienen que corregir.

MEN AND WOMEN ARE AS INEXPLICABLE
AS THE UNIVERSE

What do I have within me?
Who am I?
What comes after me?
What do I do to understand myself
and the world I am living?
What is my world?
And evil, crime, power,
how is their birth different? How do they become different?
Men and women are as inexplicable as
the universe.
Humans are a black hole, a planet, a sun,
a meteorite, a falling star, a moon.
You have to quietly
ask time about the history of
stars burning,
how instinct is born,
if instinct led the way to thought,
if angst opened the door to madness.
Or ask the angels who dwell in beauty
and do not change what they should.

EL AMOR ES UN PLANETA LLENO DE MARES

Este universo es tan racional
que no ve al amor como puma salvaje
que sueña y deja correr el tiempo,
a un mirlo buscando a su novia en la oscuridad
a un poeta haciendo poemas de amor enloquecido.
Este universo no puede darse cuenta
que el amor es un planeta lleno de mares que vuelan
junto a los pájaros.
A ese planeta no entra el ángel de la muerte
porque el amor también es el ángel de la vida.

LOVE IS A PLANET COVERED IN OCEANS

This universe is so rational
that it does not see love like a wild puma
dreaming and living as if time didn't exist,
or a blackbird seeking its mate in darkness
or a poet writing verses filled with insane love.
This universe is not able to fathom
that love is a planet covered in oceans soaring
beside birds.
On that planet there is no room for the angel of death
because love is also the angel of life.

YA FLORECIERON LAS LILAS DE LA PRIMAVERA

Ya florecieron las lilas de la primavera
Y la vida es la esperanza.
Porque todo se muere.
Todo se muere sin lilas y primaveras.
Hay un hombre y una mujer en el mundo
que se desdibujan y se borran
y van a dejar de tener primaveras.
El hombre y la mujer desdibujan a los animales,
los desaparecen con magia brutal.
La belleza de la vida es la esperanza.
La vida es la esperanza.
La vida
La
L

SPRING LILIES HAVE ALREADY BLOOMED

Spring lilies have already bloomed
And life is hope.
Because everything dies.
Everything dies without lilies or spring.
A man and a woman in the world
are fading and disappearing
and they will cease to have spring.
The man and the woman are erasing animals,
making them disappear with cruel magic.
The beauty of life lies in hope.
Life is hope.
Life
Li
L

EL CIELO NO SE PUEDE TOCAR

El cielo no se puede tocar.
Así, soy un enamorado camino al vacío,
agito mi corazón buscando el tiempo que he perdido.
Busqué el desierto más largo para llegar al cielo,
conté las arenas del desierto, crucé el mar,
escribí un poema como promesa de amor
y todo ha sido inútil:
tú eres mi cielo y el cielo no se puede tocar.

HEAVEN IS UNREACHABLE

Heaven is unreachable.
And yet, I am an incurable lover on a futile path
awakening my heart to make up for lost time.
I sought the greatest desert to reach heaven,
I counted each grain of sand in the desert, I crossed the ocean,
I wrote a love poem
and it was all in vain:
you are my heaven and heaven is unreachable.

LA VIRTUD DE AMAR

Cuando vi el océano en llamas
y a un rey gigante quemándolo todo con sus ojos
entendí la trama de los sueños:
caerán los meteoros sobre la tierra.
Y tú te vestirás con hierbas y con flores.
En nuestra vida húmeda y el tiempo seco,
vendrán los pájaros con el sonido y la luz
convirtiendo el tesoro de tu mano
en una mariposa,
convirtiendo mi amor entero
en un verso de amor.

THE VIRTUE OF LOVE

When I saw the ocean aflame
and a gigantic king setting fire to everything with his eyes
I understood the meaning of dreams:
meteorites will rain down on the earth,
and you will wrap yourself in herbs and flowers.
In our humid life and dry season,
birds will bring song and light
transforming the treasure of your hand
into a butterfly,
transforming my eternal love
into a love poem.

LOS INMENSOS MACIZOS DE SUEÑOS

A José Ramón Ripoll

I

La realidad es muy dura, me hace daño,
rompe los inmensos macizos de sueños.
Después de los sueños viene la muerte
y yo no he podido desentrañar ese azul callado.
Son un monasterio con veneras antiguas,
indescifrables, piedra cantera y barro tostado
¿y ese azul callado tiene solo alba?
y sobre el barro tostado el sol del principio
del mundo.
Yo no he llegado a comprender mis sueños
pero sé que ahí se empiezan a comprender
el principio del mundo y la muerte.

II

Tengo miedo al futuro,
miedo a quedarme en el sueño ciego,
a que se me venga encima un peso inmenso
con incendios, témpanos desprendiéndose,
erupciones de la vida de los mares agitados,
una vida desconocida supurando lava y llanto;
trenes heridos se me vienen encima

DREAMS' GREAT MASSIFS

To José Ramón Ripoll

I

Reality is very hard, painful for me,
crushing dreams' great massifs.
After dreams comes death
and I have yet to decipher that blue silence.
They are a monastery of sacred antiquities,
indecipherable, quarry rock and clay
and does that quiet blue have only dawn?
and on that clay the sun from when the world
began.
I have yet to unravel my dreams
but I know they lead to understanding
the origin of the world and death.

II

I fear the future,
fearing myself trapped in a dream,
pinned under a great weight,
with wildfires, icebergs calving,
disruptions in the realm of turbulent seas,
an unknown realm oozing lava and tears;
wounded trains are coming toward me

como un infierno destruido
y yo colgado de los versos en un abismo
pidiendo que alguien me ame
para que el futuro no me llene de terror.

like a raging inferno
and I am hanging from verses in an abyss
crying out for someone to love me
so that the future does not fill me with terror.

UN INSTANTE EN EL CIELO

Nunca hay desesperación en las alas
de un ángel inmóvil en el cielo.
¿Has visto la quietud del vuelo del cóndor
y la majestad con la que ve el mundo?
Yo vi el instante del tránsito de la divinidad
al vuelo inmaculado del cóndor en el cielo.
Yo vi ese instante de la eternidad.

Francisco de Asís Fernández

A MOMENT IN HEAVEN

There is never desperation in the wings
of a motionless angel in heaven.
Have you seen the quietude of the condor's flight
and its majestic gaze over the world?
I saw the moment when divinity leapt
to the condor's immaculate flight in heaven.
I saw that moment of eternity.

YO ME COMÍ TU NOMBRE

Yo me comí tu nombre varias veces
en los tiempos de la hambruna espiritual.
Me comí tus vocales y tus consonantes,
el paso del frío por tu boca,
tus pensamientos sutiles a lo Margarita Yourcenar.
Y sabía que los vagabundos comían
ambrosía y rosas frescas
y que los Templarios mataban golondrinas
cuando estaban enamorados.
Yo ya no aguanto este inmenso amor.
Yo ya no aguanto que no me amen.
Yo ya no aguanto esta hambruna espiritual.

I Devoured Your Name

I devoured your name over and over
in times of spiritual hunger.
I devoured your consonants and vowels,
the passing of cold through your mouth,
your subtle reflections reminiscent of Marguerite Yourcenar.
And I knew that nomads devoured
ambrosia and sweet roses
and that the Templars slaughtered swallows
when they were in love.
I can no longer bear this immense love.
I can no longer bear not being loved.
I can no longer bear this spiritual hunger.

LA MAJESTAD DE LO MÁS OSCURO DE LA NOCHE

¿Escuchas al cielo cómo canta en la noche?
¿Escuchas su voz azul con la ternura del lirio?
¿Y ves cómo en la noche lo iluminan las estrellas
y los ángeles?
¿Y cuál es la misión de las almas
cuando se convierten en estrellas fugaces?
¿Será que llevan el amor de un lado para otro?
Quien pierde el amor lo pierde todo.
Celebro la inmensa majestad de las horas
más oscuras de la noche.
Celebro la inmensa majestad de la luz del sol
y la claridad del día.
En la vida solo el amor y los sueños son urgentes,
todo lo demás puede esperar para mañana.

THE MAJESTY OF THE DEEP DARK NIGHT

Do you hear the sky as it sings at night?
Do you hear its blue voice with the tenderness of a lily?
And do you see how night is illuminated by stars
and angels?
And what is the mission of souls
transformed into falling stars?
Could they be transporters of love?
He who loses love loses all.
I celebrate the great majesty of the
deep dark night.
I celebrate the great majesty of the sun
and the clarity of daylight.
In life only love and dreams are urgent,
everything else can wait another day.

TOMA ESTA AMAPOLA

Toma esta amapola
y huye conmigo.
Una llama ilumina la noche.
Que no te detenga el aluvión de lodo y minerales,
ni el viento en contra.
Vuelve a ver al mundo con ira,
está lleno de sangre.
Por eso fundé la palabra en tu lenguacon alas desplegadas,
para que vieras al mundocomo esta amapola.

Francisco de Asís Fernández

TAKE THIS POPPY FLOWER

Take this poppy flower
and run away with me.
Be not daunted by the flood of minerals
and mud, or the wind in your face.
Now see the world with rage,
full of blood.
That is why I formed the word with your tongue
with open wings,
for you to see the world
as this poppy flower.

LA LUNA ES UNA GATITA BLANCA

La luna es una gatita blanca peludita
que me ama.
Mi gatita blanca es anterior a la dinastía Mingy
anterior al Paraíso Terrenal.
Mi gatita me habla con palabras azules
y me dijo que necesita ternura,
que vive sola y seca y hambrienta de ternura.
Sus monedas y mis monedas se borran en la Fuente de Trevi.
Nuestros deseos viven íngrimos
como un pan desperdiciado en el desierto.
Mi gatita y yo necesitamos ternura y mucho amor
para salvar la vida.

Francisco de Asís Fernández

THE MOON IS A WHITE KITTEN

The moon is a fuzzy, white kitten
that loves me.
My white kitten was born before the Ming dynasty
before Earthly Paradise.
My kitten speaks to me with blue words
telling me that she needs tenderness,
that she lives longing, thirsting, hungry for tenderness.
Her coins and my coins fade away in Trevi Fountain.
Our wishes lie forgotten
like bread tossed in the desert.
My kitten and I need tenderness and true love
to survive.

ELLA NO QUIERE QUE LA AME

I

Las palpitaciones de los bosques
creaban animales fantásticos, pájaros y rosas,
y yo te sentía llegar abriendo la luz
y cerrando el clavel.
Si no quieres que te ame
cierra tus párpados, así como se cierra el cielo,
y no cojas el camino del río
porque ahí los acantilados lloran;
toma mejor la rivera de los mangos
y los pájaros enamorados
para que te des cuenta de que de las frutas
salen los bosques y el almíbar.

II

En una mano tenía un libro
y en la otra sostenía un jardín lleno de pájaros.
Quería comerse el mundo lleno
de alcaravanes y leopardos
que cantan el Niágara
y escribir el aliento azul de los ángeles.
Ella era un relámpago carmesí.
Yo amé a esa mujer
pero ella también dejó de amarme.
Los años nos sacaron del paraíso
y las constelaciones ya no crearon estrellas.

Francisco de Asís Fernández

SHE DOESN'T WANT ME TO LOVE HER

I

Forest palpitations
created fantastic animals, birds, and roses,
and I sensed you bringing daylight
and closing the carnation.
If you do not want me to love you
close your eyes, like clouds covering the sky,
and do not take the river path
because the cliffs there shed tears of rock.
Instead, take the stream the flows by mangos
and enchanted birds
to understand how fruits
become forests and jam.

II

In one hand a book
and in the other a garden full of birds.
She wanted to devour the world full of
stone curlews and leopards
singing of Niagara Falls
and writing of the angels' blue breath.
She was a flash of crimson lightning.
I loved that woman
but she too abandoned me.
Time cast us from paradise
and the constellations ceased to make new stars.

III

Esa mujer no me ama
solo su lengua conserva el sabor de la almendra,
y sus manos retienen la vida espiritual.
La tierra empieza a temblar
y mi corazón por ella continúa cubierto de rosas.
Era inevitable que ella dejara de amarme
como se deja vacía una casa.
Y destruyo las alas de la mariposa.
Ahora tengo furia y desilusión,
esa mujer no me ama.

IV

Ella no me ama,
a ella le molesta que yo la ame.
Yo he vivido los grandes sismos
con mi alma vacía.
Siento que ella sin mí es una estrella apagada
que vivió sin quererme
como una estrella del teatro.
Siento que yo sin ella soy el cadáver de mi amor.

Francisco de Asís Fernández

III

That woman does not love me
though her tongue still tastes of almonds,
and her hands are devoted to faith.
The earth begins to tremble
and my love for her is still covered in roses.
She was destined to take her love from me
the way a house is abandoned empty.
And I tear the butterfly's wings,
now furious and disillusioned.
That woman does not love me.

IV

She doesn't love me,
she rejects my love.
I have survived great earthquakes
with my empty soul.
Without me she seems like a lifeless star
that existed without ever loving me
like a star on stage.
Without her I am a lifeless body dead to love.

V

El amor me dio la idea de destruirme,
de tener una salida desesperada.
Pero ese amor no alimenta el alma.
Dios sabe lo que me hizo ese amor.
Ya nada nos ata.
Un ejército de ángeles me enseñó su corazón
marchito.
Ella pertenece al corazón desierto.
Su amor no tiene memoria,
aunque sus palabras tienen melodías.

Francisco de Asís Fernández

V

Love inspired my self-destruction,
seeking a desperate end.
But that love does not nourish the soul.
God knows how that love hurt me.
There is nothing between us now.
An army of angels showed me her heart
lifeless.
Her heart is an empty desert.
Her love has no memory,
though her words may sing.

YA TOQUÉ FONDO

Ya toqué fondo
y te volviste inalcanzable.
Después de ti ya no me quedan ideales
y tengo miedo de que mis depresiones
me conviertan en un desilusionado del mundo,
en un hombre sin presente, sin futuro.
Cada vez que te hablo con ternura
siento que tus oídos están oyendo músicas de
Nueva York
o pensando que los pájaros cantan en el cielo.

Francisco de Asís Fernández

I HAVE HIT ROCK BOTTOM

I have hit rock bottom
and you are now unattainable.
Without you, I am hopeless
and I fear my depression
will send me disheartened into the world,
a man without present or future.
Whenever I speak to you tenderly
I sense your ears hearing tunes from
New York
or thinking of birds singing in the sky.

ELLA ME LLAMA EN LOS SUEÑOS

Ella me llama en los sueños
desde la cima del mundo
y mi servil corazón llora.
Soy un poeta sin fortuna
hundido en un océano de sueños.
Ella y yo debimos ser
el concierto para dos violines de Bachy
he envejecido entre el miedo y la duda,
amándola.

SHE CALLS TO ME IN DREAMS

She calls to me in dreams
from on top of the world
and my humble heart weeps.
I am a miserable poet
engulfed in an ocean of dreams.
She and I should have been
Bach's double violin concerto
yet I have grown old in fear and doubt,
loving her.

NACIÓ DE TI, NACIÓ DE MÍ

A la poeta Yolanda Castaño

¿Cómo ganar tu corazón en una batalla de versos
si tú eres la poesía?
Solo el azul del sol tiene más brillo que tus manos
Oh Aladdina.

BORN FROM YOU, BORN FROM ME

To the poet Yolanda Castaño

How to win your heart in a battle of verses
if you are poetry?
Only the sun's blue is more brilliant than your hands
Oh Aladdina.

ENTRE EL CORPIÑO Y LAS ROSAS

Cuando la magia está detrás de la cortina
y tiene una estrella en el cetro del poder
y le aparecen pequeños botones de rosas
entre la niebla, la neblina y el anochecer.
Voy a jurar que la magia está en el corpiño y las rosas.
Voraz la noche se come los colores del atardecer,
como los impresionistas,
como se viene el violento carmesí
con la bruma de los sueños y ella metida en ellos.

BETWEEN CORSETS AND ROSES

When magic is hidden by a curtain
with a star in the scepter of power
tiny rosebuds appear
amid haze, mist, and dusk.
I swear there is magic between corsets and roses.
Ravenous night devours shades of dusk,
like the impressionists,
like the way violent crimson appears
clouded in dreams
and she is there within.

QUE NO SE APAGUE EL VIENTO

Que no se apague el viento
para que me lleve hacia arriba,
para morir con dignidad.
Uno se encuentra con la virtud de la muerte
y la crueldad del dolor.
Así me pasó con la muerte de mi padre.
Que no se apague el viento,
que me lleve a la verdad del infinito,
a una sucesión inacabable de estrellas,
a un amor que nunca termine,
que no tiene ni principio ni fin.
Que no se apague el viento,
que llueva en mis heridas.
Quiero escoger otra vez el mismo amor
que no tiene ni principio ni fin,
solo mis lágrimas y mis poemas.

MAY THE WIND NEVER CEASE

May the wind never cease
so that it may lift me up
to die in dignity.
We face the virtue of death
and pain's cruelty.
That happened to me with the death of my father.
May the wind never cease,
so that it may carry me to eternal truth
to infinite stars,
to endless love,
with no beginning and no end.
May the wind never cease,
so that it may cleanse my wounds.
I want to choose the same love all over again
with no beginning and no end,
only my tears and poems.

LA MUERTE DE UN ÁRBOL

Al instante, de un árbol una raja de leña partida,
toda abierta desde el corazón, las arterias,
una primera pequeña selva descubierta en su pureza
un cuerpo vivo agonizando, dejando ver su agonía,
su vida de palo duro
muerto ya por el hachazo que no siente
que mata la vida de la belleza pura.

THE DEATH OF A TREE

In an instant, a cutting of split wood,
gashed open from the heart, its arteries,
a virgin forest displaying purity
a living body in agony,
its hardwood life
cut dead with a hatchet unaware
it has taken the life of pure beauty.

CUANDO SE VA LA PRIMAVERA

Las últimas margaritas, las últimas amapolas
se están yendo,
las están arrancando los vientos de invierno,
el tiempo nos está quitando el color.
La Reyna del Hielo y de la Nieve
se vio en su espejo mágico en su casa
de La Antártida
y vio que la belleza de los colores
hacían alegre el mundo
y los pintores, los poetas y los enamorados
creaban mundos aumentando la belleza
del cielo y de la tierra.

Francisco de Asís Fernández

THE END OF SPRING

The last daisies, the last poppies
are fading away,
winter winds tear them out by the root,
time is stripping us of color.
The Queen of Ice and Snow
saw herself in her magic mirror at home
in Antarctica
and she saw the beauty of colors
that brought joy to the world
to artists, to poets, to lovers
creators of worlds enhancing the beauty
of earth and sky.

EL AMOR DE LA LUNA LLENA

Moisés nunca estuvo en el desierto,
no hay ningún rastro del paso de su pueblo.
La historia sagrada es un poema hecho por los ángeles.
Todo es un mito bello,
una mentira engendrada por el sueño.
Así, yo soñé:
el río amarillo salió de las espigas doradas
del desierto
y el destino lo trajo de la mano
para ver al sol
llorar pepitas de oro por el amor de la luna llena.

LOVE FOR THE FULL MOON

Moses was never in the desert,
there is no proof he ever existed.
Sacred history is a poem written by angels.
a beautiful myth,
a lie fabricated in dreams.
This is what I dreamed:
the yellow river flowed from golden wheat
in the desert
and destiny took him by the hand
to see the sun
crying tiny gold seeds of love for the full moon.

¿QUÉ HACE MI ALMA CUANDO DUERMO?

A Stacey Alba Skar

¿Qué hace mi alma cuando duermo?
¿Revisa mi vida y llora porque no he vivido en la virtud?
Mi alma sabe más de mí que yo
porque yo no sé pensar
y no me doy cuenta cuando me hiero
y cuándo debí cambiar mi vida
o cuándo debí dejarlo todo.
¿Cómo se puede no herir a nadie?
¿Cómo hago para despertar y saber
que mi alma me comprende y me perdona?
Quisiera sembrar tulipanes en mi alma
y en el patio de mi casa.

¿What does My Soul do While I Sleep?

To Stacey Alba Skar

What does my soul do as I sleep?
Does it look and weep because I have not lived a virtuous life?
My soul knows myself better than I
because I am unable to reflect
unable to recognize the pain I cause myself
or when I should have changed
or when I should have walked away from everything.
How can you never hurt anyone?
How can I awaken and know
that my soul understands and forgives me?
If only I could plant tulips in my soul
and in my home.

TOCAR LA VIRTUD

A Juan Carlos Mestre

Tirana me distrae con el olor de su cabello
y el rouge noche de sus labios.
Tirana me dejó minusválido, sin poder caminar,
por eso camino con los ojos
y alcanzo el azul del cielo y el verde del mar.
Los ciegos caminan con el alma
y tocan los colores de la virtud.

Francisco de Asís Fernández

TOUCHING VIRTUE

To Juan Carlos Mestre

Tirana distracts me with the scent of her hair
and the midnight rouge on her lips.
Tirana left me crippled, paralyzed,
that is why I wander with my eyes
to reach the blue sky and the emerald sea.
Blind men wander with their soul
and touch the colors of virtue.

EL MAR Y EL LUCERO

A Rolando Kattán

Cuando el mar me mira a los ojos
y tienta las brasas en un tordo alto, lejano,
me convierto en un lucero travieso
que juega a esconderse de lo inmenso.
Y si el mar me cierra los ojos
y me pone una pijama rayada de azul
el mar me cabe en la bolsa de la camisa
y yo me cobijo con el sol y el lucero.

THE SEA AND THE STAR

To Rolando Kattán

When the sea stares me in the eye
like a tall thrush from afar,
I become a mischievous star
pretending to hide from infinity.
And if the sea blinds me
and clothes me in a blue-stripped pajama,
the sea will fit in my shirt pocket
and I will take shelter in the sun and the star.

LA ROSA SIEMPRE QUIERE SER UNA ROSA

La rosa siempre quiere ser una rosa
llena de los misterios de adviento
y del amor de Helena.
Una rosa es en el mundo,
la virtud implacable,
como el fuego eterno del cielo
que enciende el universo
y no lo apaga nunca.

Francisco de Asís Fernández

THE ROSE WANTS TO BE A ROSE FOREVER

The rose wants to be a rose forever
filled with the mystery of Advent
and love for Helen.
A rose in the world is
endless virtue,
like heaven's eternal flame
that illuminates the universe
with everlasting light.

UN VIENTO DE INVIERNO, CERCA DE MADRID

Un viento de invierno cruzó la cuesta de las perdices
y los cuerpos desnudos de dos jóvenes amantes
que hacíamos el amor sobre la nieve
sntiendo solo nuestro corazón hecho alba.

A Winter Wind, Near Madrid

A winter wind swept over Spain's Cuesta de las Perdices
and our naked bodies
two young lovers embraced in snow
feeling only our shared heartbeat now dawn.

AVENTADO A LA CAÍDA DE LA NOCHE

Aventado a la caída de la noche
mi cabeza solo me da para recoger luceros
y encender mis párpados azules.
En el oasis puse una palmera de marfil
para darle sombra a mis dalias
y para que los pájaros de colores alegres
beban el agua de mis versos.

Francisco de Asís Fernández

ALONE AT NIGHTFALL

Alone at nightfall
I think only of collecting stars
to glow in my blue eyelids.
I placed an ivory palm in the oasis
to shade my dahlia flowers
and for bright-colored birds
to seek water in my verses.

TU BELLEZA EN LOS POEMAS ANTIGUOS

En tu locura no sabrás cómo recordar mi amor
pero tú me verás y cantarás mis poemas
antes de ver una puerta y huir.
Tu belleza madura en los poemas antiguos
y no pierdo la esperanza de ver libre tu corazón.
El dolor se sale de tus ojos
y tus manos crispadas vuelven a la vida
cuando oyes las canciones
que te cantaba tu madre
en la cuna,
y que tú, ya grande, cantabas con ella con gran dulzura.

YOUR BEAUTY IN ANCIENT POEMS

Though your madness prevents you from recognizing my love
you will see me and you will sing my poems
before you see a door and flee.
Your beauty grows in ancient poems
and I keep hoping I will see your heart free.
Your eyes seem less painful
and your wrinkled hands more alive
hearing songs your mother soothed you singing
lullabies,
and that you, now grown, would sing with her
tenderly.

EN EL NIDO DEL CUERVO

En el nido del cuervo
aspiras la noche
pero el miedo no desaparece.
Ahí se identifican los cadáveres que voy siendo
en cada desencanto, en cada mentira tuya
que destruye mi mundo.
Ahí conocí el almíbar de la muchacha
que sería el amor para toda mi vida,
ahí conocí la belleza
que cuando despierta,
te olvida.

IN THE CROW'S NEST

In the crow's nest
you breathe night
but fear remains.
From there you can see the cadavers I am becoming
from every disappointment, from all your lies
that tear my world apart.
That is where I found sweetness, in the girl
who would be the love of my life,
that is where I found beauty
that upon awakening
forgets you.

LA FRAGANCIA PUESTA EN EL AIRE

A Edith Piaf

La belleza del capullo
y la fragancia suelta en el aire
cruzado por las mariposas y la tierna, dura y dulce Edith Piaf
se eleva como un ruiseñor,
herida en cada pedazo de su vida enamorada.

PERFUME IN THE AIR

To Edith Piaf

The beauty of the budding rose
its perfume in the air
encountering butterflies
and the tender, raspy, soothing voice of Edith Piaf
ascends like a nightingale,
wounded at every step of her life in love.

ACERCA DEL AUTOR

Granada, Nicaragua, 1945. Poeta, narrador, ensayista y promotor cultural. Es Presidente del Festival Internacional de Poesía de Granada, Miembro de Número de la Academia Nicaragüense de la Lengua, Medalla de Honor en Oro de la Asamblea Nacional de Nicaragua, Cruz de la Orden al Mérito Civil otorgada por el Rey Juan Carlos I de España, Doctorado Honoris Causa en Humanidades otorgado por la Universidad American College, Homenaje Múltiple al poeta Francisco de Asís Fernández editado por la Academia Nicaragüense de la Lengua, Hijo Dilecto de la Ciudad de Granada, Nicaragua. Ha publicado los poemarios *A Principio de Cuentas* (1968, Editorial Finisterre, México, D.F., ilustraciones de José Luis Cuevas), *La Sangre Constante* (1974, Ediciones del Centro Universitario de la UNAN, Managua, Nicaragua, ilustraciones de Rafael Rivera Rosas), *En el cambio de Estaciones* (1982, Editorial UNAN, León, Nicaragua, ilustraciones de Fayad Jamis), *Pasión de la Memoria* (1986, Editorial Nueva Nicaragua, Managua, Nicaragua), *FRISO de la Poesía, El Amor y la Muerte* (1997, poesía, Edición del Fondo Cultural del Banco Nicaragüense, ilustraciones de Orlando Sobalvarro), *Árbol de la Vida* (1998, Ediciones del Centro Nicaragüense de Escritores, Managua, Nicaragua, ilustraciones de José Luis Cuevas), *Celebración de la Inocencia. Poesía Reunida* (2001, Editorial CIRA, ilustraciones de José Luis Cuevas, texto de solapa de Fanor Téllez), *Espejo del Artista* (2004, Ediciones del Centro Nicaragüense de Escritores, Prólogo de Edwin Yllescas, ilustraciones de Orlando Sobalvarro), *Orquídeas*

Salvajes (2008, Editorial Visor, Madrid, España), *Granada: Infierno y Cielo de mi Imaginación*, Publicación que reúne toda su poesía dedicada a la Ciudad de Granada y a su gente (2008, Editorial Amerrisque.) *Crimen Perfecto* (2011, E.D.A libros, colección NorteSur, Málaga España, prólogo de José Luis Reina Palazón), *La Traición de los Sueños* (2013, Editorial Amerrisque, Managua, Nicaragua, Portada de Omar de León, prólogo de José María Zonta), *La Traición de los Sueños* (2014, Editorial Alfar, Sevilla, España, portada de Omar de León, prólogo de José María Zonta), *Luna Mojada* (2015, edición bilingüe español-inglés, Editorial Revista LA OTRA, portada de Mario Londoño, prólogo de Juan Carlos Abril, texto de solapa de María Ángeles Pérez, traducción al inglés de Stacey Alba Skar Hawkins), *La Invención de las Constelaciones* (2016, edición bilingüe español-inglés, Ediciones Hispamer, portada de Juan Carlos Mestre, texto de la solapa del poeta Marco Antonio Campos, prólogo de Víctor Rodríguez Núñez, nota interior de María Ángeles Pérez López, texto de contraportada de Juan Carlos Mestre, traducción de Stacey Alba Skar), *El tigre y la rosa* (2017, edición bilingüe, español-inglés, Ediciones Hispamer, portada de Juan Carlos Mestre, prólogo I de Antonio Gamoneda, prólogo II de Raúl Zurita, nota interior de Gioconda Belli, contratapa de Víctor Rodríguez Núñez, traducción de Stacey Alba Skar), *En mis manos no se marchita la belleza* (2018, Homenaje Múltiple al poeta Francisco de Asís Fernández editado por la Academia Nicaragüense de la Lengua, Selección de Jorge Eduardo Arellano). *Hay un verso en la llama* (2020, editado por Uruk Editores, Costa Rica, portada de Juan Carlos Mestre, prólogo I de Antonio Gamoneda, prólogo II de

Víctor Rodríguez Núñez, contraportada de Raúl Zurita) *Detente, cielo mío (*2020, Uruk Editores, Costa Rica, portada de Jorge Jenkins, prólogo I de José Ramón Ripoll, prólogo II de Alfredo Fressia, contraportada de Víctor Rodríguez Núñez).

ABOUT THE AUTHOR

Granada, Nicaragua, 1945. Poet, narrator, essayist, and cultural promoter. He is President of the International Poetry Festival of Granada, official member of the Nicaraguan Academy of Language, recipient of the Gold Medal of Honor from the Nicaraguan National Assembly, recipient of the Cross for the Order of Civil Merit conferred by King Juan Carlos I of Spain, and Doctor Honoris Causa in Humanities conferred by the American College, and Favorite Son of the city of Granada, Nicaragua. In addition to the book homage of essays and poems by multiple international authors compiled by the Nicaraguan Academy of Language to pay tribute to the author's poetry, he has published the following books of poetry: *"A Principio de Cuentas"* (1968, Editorial Finisterre, México, D.F. Illustrated by José Luis Cuevas), *"La Sangre Constante"*. (1974, Edited by the Centro Universitario de la UNAN. Managua, Nicaragua. Illustrated by Rafael Rivera Rosas), *"En el cambio de Estaciones"*. (1982, Editorial UNAN, León, Nicaragua. Illustrated by Fayad Jamis), *"Pasión de la Memoria"*. (1986, Editorial Nueva Nicaragua, Managua, Nicaragua), *"FRISO de la Poesía, El Amor y la Muerte"*, (1997 - Poetry. Edited by the Fondo Cultural del Banco Nicaragüense. Illustrations by Orlando Sobalvarro). *"Árbol de la Vida"*, (1998, Edited by the Centro Nicaragüense de Escritores, Managua, Nicaragua. Illustrations by José Luis Cuevas), *"Celebración de la Inocencia"*- Poetry anthology- (2001 Editorial CIRA. Illustrations by José Luis Cuevas- Inside cover text by Fanor Téllez), *"Espejo del Artista"*

(2004, Edited by the Centro Nicaragüense de Escritores. Prologue by Edwin Yllescas- Illustrations by Orlando Sobalvarro). *"Orquídeas Salvajes"* (2008. Edited by Editorial Visor, Madrid, Spain.) *"Granada: Infierno y Cielo de mi Imaginación.* Poetry anthology of poems dedicated to the city and citizens of Granada, Nicaragua" (2008. Editorial Amerrisque.) *"Crimen Perfecto"* (2011, Edited by E.D.A libros, NorteSur Series-Málaga, Spain. Prologue by José Luis Reina Palazón). *"La Traición de los Sueños",* (2013, Editorial Amerrisque, Managua, Nicaragua. Cover by Omar de León—Prologue by José María Zonta). *"La Traición de los Sueños"* (2014, Editorial Alfar, Sevilla, Spain. Cover by Omar de León, Prologue by José María Zonta), *"Luna Mojada"* (2015. Bilingual Spanish-English edition. Edited by Editorial-Revista LA OTRA, Cover by Mario Londoño, Prologue by Juan Carlos Abril, Book flap text by María Ángeles Pérez, English language translation by Stacey Alba Skar Hawkins), *"La Invención de las Constelaciones"* (2016. Bilingual Spanish-English edition. Edited by Ediciones Hispamer. Cover by Juan Carlos Mestre, Book flap text by Marco Antonio Campos; Prologue by Víctor Rodríguez Núñez, Introduction by María Ángeles Pérez López, Back cover by Juan Carlos Mestre, English language translation by Stacey Alba Skar Hawkins), *"El tigre y la rosa"* (2017. Bilingual Spanish-English edition. Edited by Ediciones Hispamer. Cover by Juan Carlos Mestre, Prologue I by Antonio Gamoneda, Prologue II by Raúl Zurita; Introduction by Gioconda Belli, Back cover by Víctor Rodríguez Núñez, English language translation by Stacey Alba Skar Hawkins), *"En mis manos no se marchita la belleza"* (2018, Book homage with essays and poems by multiple international authors compiled by the Nicaraguan Academy of Language to pay tribute to the author's poetry, Edited by Jorge Eduardo Arellano). *"Hay un verso en la llama"* (2020, Edited by Uruk Editores, Costa Rica. Cover by Juan Carlos Mestre, Prologue I by Antonio Gamoneda, Prologue II by Víctor Rodríguez Núñez; Back cover by Raúl Zurita) *"Detente, cielo mío" (*2020 edited by Uruk Editores, Costa Rica. Cover by Jorge Jenkins, Prologue I by José Ramón Ripoll, Prologue II by Alfredo Fressia; Back cover by Víctor Rodríguez Núñez).

ÍNDICE / CONTENTS

Quiero morir en la belleza de un lirio
I Want to Die in the Beauty of a Lily

Colección
VIVO FUEGO
Poesía esencial

(Homenaje a Concha Urquiza)

1

Ecuatorial / Equatorial

Vicente Huidobro

Colección
CUARTEL
Premios de poesía
(Homenaje a Clemencia Tariffa)

1
El hueso de los días.
Camilo Restrepo Monsalve
-
V Premio Nacional de Poesía
Tomás Vargas Osorio

Colección
SOBREVIVO
Poesía social
(Homenaje a Claribel Alegría)

1
#@nicaragüita
María Palitachi

***

Colección
LABIOS EN LLAMAS
Poesía emergente
(Homenaje a Lydia Dávila)

1
Fiesta equivocada
Lucía Carvalho

2
Entropías
Byron Ramírez Agüero

3
Reposo entre agujas
Daniel Araya Tortós

Colección
TRÁNSITO DE FUEGO
Poesía centroamericana y mexicana
(Homenaje a Eunice Odio)

***

Colección
MUNDO DEL REVÉS
Poesía infantil
(Homenaje a María Elena Walsh)

Colección
VEINTE SURCOS
Antologías colectivas
(Homenaje a Julia de Burgos)

1
Antología 2020 / Anthology 2020
Ocho poetas hispanounidenses / Eight Hispanic American Poets
Luis Alberto Ambroggio

***

Colección
MEMORIA DE LA FIEBRE
(Homenaje a Carilda Oliver Labra)

Para los que piensan, como Octavio Paz, que "la poesía es conocimiento, salvación, poder, abandono", este libro se terminó de imprimir en el mes de octubre de 2020 en los Estados Unidos de América.